美国犹太知识分子现代性批判：20世纪50—70年代

郝　娟　余　佳　周子雅　张黎黎◎著

American Jewish Intellectuals' Critique of Modernity: 1950s—1970s

项目策划：罗永平
责任编辑：罗永平
责任校对：毛张琳
封面设计：墨创文化
责任印制：王　炜

图书在版编目（CIP）数据

美国犹太知识分子现代性批判 ：20 世纪 50—70 年代 / 郝娟等著. 一 成都 ：四川大学出版社，2022.1
ISBN 978-7-5690-5305-0

Ⅰ. ①美… Ⅱ. ①郝… Ⅲ. ①犹太人一知识分子一研究一美国一 20 世纪 Ⅳ. ① D771.261

中国版本图书馆 CIP 数据核字（2022）第 007834 号

书名　美国犹太知识分子现代性批判：20 世纪 50—70 年代
Meiguo Youtai Zhishi Fenzi Xiandaixing Pipan：20 Shiji 50—70 Niandai

著　　者	郝　娟　余　佳　周子雅　张黎黎
出　　版	四川大学出版社
地　　址	成都市一环路南一段 24 号（610065）
发　　行	四川大学出版社
书　　号	ISBN 978-7-5690-5305-0
印前制作	四川胜翔数码印务设计有限公司
印　　刷	成都金龙印务有限责任公司
成品尺寸	148mm×210mm
印　　张	7
字　　数	187 千字
版　　次	2022 年 4 月第 1 版
印　　次	2022 年 4 月第 1 次印刷
定　　价	42.00 元

◆ 读者邮购本书，请与本社发行科联系。
电话：(028)85408408/(028)85401670/
(028)86408023　邮政编码：610065
◆ 本社图书如有印装质量问题，请寄回出版社调换。
◆ 网址：http://press.scu.edu.cn

四川大学出版社
微信公众号

目　　录

引言：核心内容与问题意识

本书对美国犹太知识分子现代性批判的研究基于所谓的“犹太性”、犹太身份，即本书是从犹太身份与知识分子美学思想之形成这二者间的关系来看第二次世界大战后美国思想界对资本主义现代性危机的应对的。这一研究思路势必要牵扯到几个极其重要的问题。第一，犹太身份对美国犹太知识分子的哲学思想是否构成了一种或显或隐的影响，我们能否在他们的思想中找寻到可靠的证据来阐明这之间的联系。第二，作为犹太身份之内容和集中体现的“犹太性”究竟指什么，如果说其内容首先是犹太传统文化中宗教、伦理、哲学和文学传统，那么这种犹太精神的内核究竟为何，以至于它能够跨越千年，在20世纪仍爆发出极大的精神能量，引领一大批思想家进行社会理论方面原创性思想的构建？而如果所谓的“犹太性”并不局限于所提到的这一系列精神文化遗产，那么它可能的外延是什么？第三，从第二次世界大战前的欧洲到第二次世界大战后的美国，犹太知识分子与身处其间的社会到底是一种什么样的关系，而这种关系又如何影响着他们的理论。

如果将上述问题复杂化，那么就所提到的第一个问题而论，它事实上提出了两个小问题：一是“犹太性”对于理解犹太人是否重要，二者之间是否有着某种不言自明的连带关系；二是犹太知识分子的思想在多大程度上应当被看作体现了一种“犹太性”。就前者而言，“犹太性”主要包括犹太民族生存于其中的传统文化，尤其是犹太教，它塑造了犹太民族内在的精神气质和追求。同时，由于犹太教独特的规定性，犹太人的身份问题变得格外突出。如果用一种逆向的言说方式来表明立场，那就是：忽视，或者不够充分地去设想犹太人身份所赋予他们的外在现实处境和相应的心理状况，将会在理解上导致严重的失误，原因是从历史的角度来看，犹太人在基督教世界的生存长久以来受到了限制，犹太人相对于基督徒来说自然而然地成为“他者”，这种处境势必会影响到犹太主体的精神结构。即便是被欧洲文明同化了的犹太人，对于自身的异质性，对于这种同化本身，也有着某种程度上极其微妙的体验，即当犹太人试图模糊自己的族群特征时，这种行为本身也是对于犹太身份的对抗。

就第二个问题而言，它提出了一个难题，即我们如何证明犹太民族的精神遗产切实地在思想家身上产生了某种效果。事实上，犹太民族的文化对第二次世界大战后美国的犹太思想家而言是一个参照系，无论认同还是反对，这种文化在一片新的土壤上都激起了诸多的回应，而新的有关现代性问题的思考就在这种回应之中不断地生长。对于许多当代的犹太思想家而言，尤其是在他们的哲学当中，犹太教成分的影响穿行其间，如果不了解犹太教就无法彻底把握他们审思的理路，进而也就不能掌握他们思想的全部。不难发现，当代犹太思想家的作品是以哲学或理论的形态呈现的，其中“犹太教的成分和思辨的成分已浑然不可分”①。即这种犹太教的影响是真实存在的，只是它需要仔细地加以分辨。例如，此种情形在本雅明身上显得较为突出。于是，这实际上就从根本上关涉到第二个问题的解决，即对于通常所提到的犹太教，它的本质是什么，它何以能够支撑犹太人在现代社会中保

① ［美］亚伯拉罕·海舍尔：《觅人的上帝：犹太教哲学》，郭鹏、吴正选译，山东大学出版社，2003 年，第 2 页。

持与外在社会的距离；以及，犹太人的伦理观是什么，这种伦理观的独特之处又在哪里。

就第三个问题而言，由于第二次世界大战期间多位欧洲犹太知识分子迁移到美国，常识似乎表明美国社会比欧洲对犹太人有更大的包容性。但是，如果考察纳粹上台前德国魏玛政府统治下的社会氛围，就会发现当时整个社会上并没有广泛的对犹太人的仇恨和反对，也即希特勒推行的反犹主义并非一场完完全全的自下而上的运动。这在弗朗茨·诺依曼的《巨兽》（*Behemoth*）一书中有所提及："作者个人所确信的，正如它看起来可能显得悖论的是，德国人是最不反犹太的。"① 此种情形也在法兰克福学派1939年的一项研究反犹太主义的计划中有所提及："当德国大众对政府的反犹太主义表现出明显的厌恶时，反犹太主义的承诺在法西斯政府从未尝试过的地方被热切地接受。"② 这即是说，在法兰克福学派核心圈子成员以及本书所论及的汉娜·阿伦特出生和成长的年代里，犹太身份与德国社会的非犹太民众阶层之间并未爆发出激烈的冲突。反倒是同一时期的美国，社会革命的气氛非常强烈，美国人感到异常的焦虑，而此时大量的犹太人移民美国并融入其生活，导致犹太人被认为抢占了美国本土的劳动力市场，尤其是阻碍了蓬勃发展的大城市对农村人口的吸收。③ 犹太人实际上充当了焦虑的美国人发泄的对象："许多美国人感到异常担忧：他们于是向移民、'布尔什维克主义者'和那些看起来不顺从的人发泄愤怒。本土主义、仇外主义、种族主义、反天

---

① 转引自 Martin Jay. *Permanent Exiles*：*Essays on the Intellectual Migration from Germany to America*. Columbia University Press，1986，p. 92.

② 转引自 Martin Jay. *Permanent Exiles*：*Essays on the Intellectual Migration from Germany to America*. Columbia University Press，1986，p. 280.

③ 参见摩迪凯·开普兰：《犹太教：一种文明》，黄福武等译，山东大学出版社，2002年，第85页。

主教主义、反犹主义——所有这些都典型体现出这是个‘种族意识盛行的二十几年’……随着希特勒在德国的崛起，加之国内反犹主义分子，如查尔斯·科格林教父，极力为美国反犹主义推波助澜，犹太人有充足的理由感到紧张。”[①] 于是，犹太人在美国社会实际上是有着与其他民族以及整个国家的强烈的疏离感的，这种疏离感很多时候并非源自信仰上的差异，而是有更深层次的经济方面的原因。

事实上，对于 20 世纪三四十年代美国的犹太知识分子而言，其犹太身份所致的与整个社会之间的疏离感成为他们哲学思考的起点，或说原始推动力。这种疏离感在一定意义上催生出他们对自身身份以及社会现状的深刻反思，并且这种反思以一种将自身客体化的方式展开。有学者指出，在马克思身上就曾有着一种“自我憎恨”的力量，“由自我憎恨所促动的一个人会力图避免模式化特征的所有方面”[②]。就马克思本人而言，这种避免模式化特征的行为表现在他对金钱的不在意，他与父亲之间的冲突，以及他对“节约”的抨击：“节约意味着自我异化。”[③] 这种自我憎恨在德国犹太人群体中是极为普遍的，因为“在现代社会里，犹太人的价值标准是来自周围的非犹太世界”[④]。德意志文化对犹太人和犹太教的仇视逐渐被犹太人内化进自己的躯体，随着这一影响的加深，他们不可避免地陷入自我憎恨和自我怀疑之中：“由于不加批判地接受了社会上流行的对犹太精神遗产的评判，

---

① ［美］乔纳森·D. 萨纳：《美国犹太教史》，胡浩译，大象出版社，2009 年，第 183 页。

② 聂锦芳、李彬彬：《马克思思想发展历程中的“犹太人问题”》，中国人民大学出版社，2017 年，第 315 页。

③ 聂锦芳、李彬彬：《马克思思想发展历程中的“犹太人问题”》，中国人民大学出版社，2017 年，第 316 页。

④ ［美］伯纳德·J. 巴姆伯格：《犹太文明史话》，肖宪译，商务印书馆，2013 年，第 376—377 页。

他会带有一种低人一等和负罪的可怕感觉。那些最彻底地接受了德意志文化的人——即那些社会地位高和事业上成功的人，也正是那些最经常和最痛苦地遭受这种精神折磨的人。"① 在同一副躯体中，犹太精神与反犹太的德意志精神互相对抗，造就了犹太人尤其是精英知识分子激烈的内在冲突。

这就是说，无论犹太人或犹太知识分子在第二次世界大战前后的处境是多么复杂，无论有怎样的经济因素在加剧犹太身份的异质性，犹太教信仰及其身份都是影响其理论的一个重要方面，与"犹太性"之间的关系在某种意义上成为他们理论生长的动力。尽管就丹尼尔·贝尔、马尔库塞、阿伦特、苏珊·桑塔格这几个战后声名鹊起的理论家、诗人而言，其对自身犹太身份的体认不同，对犹太教信仰的接受不同，但是他们都因为具有这样一种特殊的犹太身份而对自身与"犹太性"之间的关联展开了思考甚至批判。他们这种对自身异质性的批判式回应，开辟了一个从处于被流放状态的人类群体的理论思考来看待现代性危机之解决的视角。在对现代性危机进行诊断之后，上述几位理论家在与自身"犹太性"或认同或反对的精神张力中形成了既有相似性又有很大差异的解救策略。丹尼尔·贝尔在投身于一系列左的激进立场之后最终回归了前现代的宗教；马尔库塞尽管没有表现出明确的宗教立场，但在20世纪60年代的学生运动偃旗息鼓之后开始将"解放"的策略转换为主体自身"新感性"的培养和维护，以期通过这种方式保存反抗单向度社会的历史主体，这种永不妥协的反抗性和否定性来自黑格尔的否定哲学，而黑格尔哲学作为德国观念论的代表又深受犹太教神秘主义的影响，犹太教中"上帝从无中创造世界"的观念给予黑格尔哲学的知识论以最终的连贯

① ［美］伯纳德·J. 巴姆伯格：《犹太文明史话》，肖宪译，商务印书馆，2013年，第377页。

性和彻底性；苏珊·桑塔格在马尔库塞“新感性”思想的影响下继续在文学艺术的领域中倡导她的“反对阐释”，试图通过高雅而有深度的文艺作品来对抗现代资本主义社会的平庸化；阿伦特借鉴了康德的《判断力批判》，从审美的角度定义政治的本质和价值，认为政治行动应当具有审美的特性，这无疑从政治理论的角度反映出她对西方工具理性的厌恶和排斥。

在这种问题意识的一致性之外，我们主要论及的这几位理论家之间也有着相互的沟通和影响。这种影响有时是以直接表达对对方观点赞同或反对的态度这一形式表现出来。例如，在苏珊·桑塔格提出了“新感性”思想之后，马尔库塞与之遥相呼应，明确表示“我们再也不能通过塑造我们感官的法则和秩序来看待事物；我们必须打碎使我们的感觉条理化的那种糟糕的功能主义”[①]。后来马尔库塞又写了《论新感性》一文，直接表达自己通过文学艺术实现主体本能革命的理论主张。与之相反，丹尼尔·贝尔则表达出对解放感受力这一提议深深的质疑：“如果审美体验本身就足以正视生活的意义，那么道德就会被搁置起来，欲望也就没有了任何限制。在这种自我探索与感知的关系活动中，任何事情都成为可能。”[②] 即贝尔并不认为仅仅通过审美，通过变革主体的感受力，就能够解决公共领域中的所有问题，过分强调审美体验会导致对道德的忽视，这反而从根本上不利于现代性问题的解决。这种看待问题的角度与哈贝马斯有异曲同工之妙，但是贝尔在经历了一系列思想的变迁之后又回到了用宗教解决现代性问题的道路，这就表明他在根本上已经对启蒙理性的拯救能力不抱任何希望了。

① 转引自王予霞：《20 世纪美国左翼文学思潮研究》，中国社会科学出版社，2014 年，第 216 页。

② 转引自王予霞：《20 世纪美国左翼文学思潮研究》，中国社会科学出版社，2014 年，第 216 页。

与此同时，几位理论家之间也有理论方面并不那么直接的相关性。这体现在阿伦特审美政治学观点与马尔库塞和丹尼尔·贝尔思想之间的某种若隐若现的联系上。虽然阿伦特吸纳了康德的《判断力批判》作为其政治学的重要资源，她早年也专门研究过浪漫派，但这并没有使她走到对审美救赎报以巨大希望的马尔库塞那边。马尔库塞早年也研习过浪漫派，在《乌托邦的终结》这一演讲当中，他提到自己是一个“绝对不可救药的感伤的浪漫主义者”①。在经历了一系列思想和实践上的探索之后，在走完了从浪漫派到马克思、海德格尔、黑格尔直到弗洛伊德精神分析的整个精神历程之后，他放弃了社会变革的道路，再次回归了浪漫派。而阿伦特对浪漫派却是一种拒斥的态度，她“对浪漫派回避现实，局限于个人感觉、情绪和感情的做法不以为然”②。即阿伦特始终强调政治作为一种“行动”的核心价值，尽管她提出美是最高的政治价值，但是这一提议始终是立足于实际的政治行动而言的。就政治必须是行动来说，阿伦特与倡导“新感性”的马尔库塞极为对立。在这种提倡行动的哲学背后，是阿伦特对犹太人政治行动能力的深刻批判：“二十世纪的政治危机将犹太人驱赶到各种政治风暴的中心并非偶然，犹太人由于自愿隔离于公众世界和缺乏政治行动能力，对自己的命运负有不可推卸的责任。”③ 从这里，可以见出阿伦特政治美学是立足于犹太人的未来发展而对现有的“犹太性”的缺陷进行批判的。就这一点而言，晚年的那个退回到单个的自我，通过变革主体的本能结构而

① 转引自程巍：《否定性思维——马尔库塞思想研究》，北京大学出版社，2001年，扉页。

② 于云：《文化公共性视野下的审美与艺术问题——汉娜·阿伦特美学思想初探》，《文艺评论》，2015年第7期，第47—50页。

③ 王寅丽：《在哲学与政治之间：汉娜·阿伦特政治哲学研究》，复旦大学博士学位论文，2006年，第3页。

力求实现救赎的马尔库塞恰好就是阿伦特最不能接受的缺乏行动能力的犹太人的典型代表。

此外，有一种特殊的现象值得关注。在本书所涉及的 20 世纪 50 年代美国的文化氛围当中，犹太知识分子体现出与这种传统描述极为不同的倾向性，那就是自我封闭在痛苦的精神世界中动弹不得。犹太小说家马拉默德笔下的主人公无形中将政治转换为道德，赋予犹太人在苦楚的精神状况中发展出来的不成其为一种积极的干预方式的应对策略以道德的形式。面对严酷的现实处境，其作品体现出的解决方案最终也只不过是“为他人受难和通过受难寻求解放”。而另一位犹太作家索勒姆·阿莱赫姆在小说中则更加突出地表现笨伯“精神胜利法”的特质。不得不说，他们小说中的主人公的处世方式与他们本人是高度一致的，即都缺乏一种对现实社会的行动上的积极参与。对此，鲁斯·威斯评价道：“他作品中的犹太人是一种笨伯式的人物，软弱无力，四处碰壁，但在心理上，或如人们过去常说的，在精神上，却是失败中的胜利者。”[①] 这种行动上的软弱无力能够凭借着 50 年代保守的文化氛围得到辩护吗？面对这一问题，莫里斯·迪克斯坦尽管指出了予以犹太人的痛楚极高的道德评价必须与表达这种苦难经历本身相区分，却并没有对犹太人的这种“逃避和升华的技术”给予指责。他并没有站在对立的立场批评这种逃避现实的怯懦，最多只是提到犹太小说助长了一种与世隔绝且封闭在自身之内的绝望情绪。与之形成尖锐对立的则是犹太哲学家汉娜·阿伦特对当代犹太人缺乏社会责任感和政治行动能力的激烈批评。而如果我们以犹太教传统文化为背景，则能够看到阿伦特对今日犹太人的批评恰恰是以犹太民族传统本身为参照的。

① ［美］莫里斯·迪克斯坦：《伊甸园之门：六十年代的美国文化》，方晓光译，译林出版社，2007 年，第 53 页。

归结起来，我们选择这几位理论家作为支撑全书的主要人物，不仅是因为他们身为战后富有名望的美国犹太知识分子，基于自身的犹太身份而对所谓的“犹太性”持有不同的态度，而且是因为他们彼此之间有着或明或暗的呼应或批判。在这些不同的态度之间，反映出在一个“单向度”社会，一个富裕的并且号称是民主的美国社会里，在面对高级文化的衰落、工具理性的泛滥以及人的异化这些问题时，与“犹太性”形成张力的批判理论所可能展示出的“拯救”面向。那么，根据上文的分析，对于此项研究而言，当务之急是阐明究竟何为“犹太性”，即何为那种深深扎根于犹太人的灵魂、思维以及日常行为中的东西。我们之所以能够提出“犹太性”这一概念，并且将之作为一个重要的影响因子，首先是基于犹太人在过去两千年里所保有的一种有别于基督教世界的独立性，这种独立性是自 19 世纪有关犹太人问题争论以来各方理论家都一致承认的；而更为重要的则是，从 19 世纪末到 20 世纪中叶，数位犹太哲学家从不同角度出发对犹太人或犹太教的本质做了极为详尽的阐释。这些哲学家皆意识到犹太民族内在固有的本质特征对于他们现实的伦理选择具有决定作用。其中，具有代表性的西方宗教学者马丁·布伯在《论犹太教》一书中总结了何为一般意义上的“犹太性”，他将其归结为犹太教的三个基本观念：“犹太教的精神过程显示在了作为对相互连接的三个观念更完美实现的追求的历史当中，这三个观念是：统一的观念、行动的观念和未来的观念。”① 这一见解清晰地呈现出犹太民族精神世界的独特之处，对于理解何为“犹太性”有重要的启发意义。而写作《理性宗教》一书的哲学家赫尔曼·科恩同样强调道德与积极的行动在犹太教中的特殊地位：

① ［德］马丁·布伯：《论犹太教》，刘杰等译，山东大学出版社，2002 年，第 36 页。

“未来的弥赛亚时代只能借助于人类的积极实践才能到来，而不能被错误地理解为天堂在遥远未来的虚幻王国，对于后者的到来，人们所能做的只是等待和祈祷。”① 在他们的研究中，都强调了犹太教传统对于人的行动的高度重视。

① ［德］赫尔曼·柯恩：《理性宗教》，孙增霖译，山东大学出版社，2013 年，第 32 页。

第一章　犹太知识分子与美国社会

第一节　战后美国的政治氛围与文化思潮

一、政治背景

（一）“大萧条”与左翼犹太裔青年

第一次世界大战后，美国社会的经济大萧条极大地影响了文化思想和政治生活，失业率上升，黑人、女性和少数族群的境况尤为严峻。虽然罗斯福政府大力实施新政，通过政府直接或间接干预的方式应对经济危机，并特别针对穷人和失业者进行救济，但政策的实施总是需要一段时间才能见效，愤怒的人们仍然激烈地抨击国家体制，认为这是造成大萧条的根源。所谓的美国“老左派”就是在这股激进思潮中出现的，成员包括小说家约翰·多斯·帕索斯（John Dos Passos）、舍伍德·安德森（Sherwood Anderson）和评论家埃德蒙·威尔逊（Edmund Wilson）等人，他们面对旷日持久的社会问题，从自己的知识分子身份出发，汲取马克思主义理论资源，抨击资本主义制度所固有的矛盾，渴望新的社会变革。恰逢苏联工人运动如火如荼，他们仿佛看到一条光明的道路，遂纷纷转向共产主义，希望学习苏联经验，以拯救美国的贫苦大众。

早在 20 世纪初，东欧犹太移民主要聚集在纽约繁华市区外围的贫民区，他们生活贫苦但心怀抱负，目睹着美国繁华和落魄交织的社会，立誓要出人头地。犹太移民的子弟们大多为了适应新环境隐藏自己的身份而改掉了姓名，比如丹尼尔·贝尔（Daniel Bell），原姓布洛茨基（Bolotsky）。他们从学生时代起就充满才智和斗志，往往走在社会思潮和运动的前沿。在时代浪潮和身份处境的多重因素推动下，这些贫穷、骄傲和富有才学的犹太青年日渐深刻地卷入了 30 年代的左翼激进运动。两名犹太青年菲利普·拉夫（Philip Rhav）与威廉·菲利普斯（William Phillips）通过义卖募捐的方式筹得资金，出版了后来盛名在外的文化批评刊物《党派评论》（*Partisan Review*）的创刊号。此后，一批左翼犹太裔文化青年以及后来被称为“纽约文人”的群体遂以此为阵地，积极地参与无产阶级文化政治运动，著书立说无不带有强烈的意识形态色彩。

然而，分裂很快来临。1936 年，苏联肃反运动曝光，“莫斯科审判”后许多美共人士逐渐对共产国际和斯大林失去信心，逐渐成为反斯大林主义者。时值国际法西斯主义兴起，1939 年，《苏德互不侵犯条约》的签订更加使得美国左翼人士与共产主义分道扬镳。事实上早在此前，以《党派评论》为媒介阵地的左翼犹太青年就不愿屈从于教条主义的马克思主义，而承袭了托洛茨基的“不断革命论”，与官方左翼立场相悖，在“第二次美国作家代表大会”上产生尖锐冲突，杂志停刊。在内外交困的情况下，左翼犹太青年们也逐渐在内讧中趋向游离，回归学院和更为独立的知识生活。直至 20 世纪 40 年代，曾经深刻参与左翼未来主义激进运动的犹太裔青年沉寂在较为封闭的文学批评领域，寻找能代替共产主义的精神乌托邦。

（二）平静中的风暴

第二次世界大战是人类历史上最具灾难性的一场战争，现代科技的发展和民族国家的兴起使武力冲突变得极具杀伤力。面对法西斯主义的日益扩张，欧洲陷入战乱的泥淖，早前还奉行孤立主义的美国因珍珠港遭袭而卷入战争，罗斯福还曾公开表示要使美国成为“民主国家的军火库”①。虽然战争造成许多国家的破败和衰落，但远离战场的美国本土却在战争中结束了国内的经济大萧条，其工业、贸易、技术都取得大发展。介入第二次世界大战，美国不仅赚取了大量军火费，还极大地提高了自身的国际影响力，战后一跃成为世界第一强国。

到 20 世纪 50 年代，回归平静的国内外环境使美国经济得到一定程度的发展，政治局势也日渐稳定。这一时期的美国，人口大量增长，城市化进程加快，市区中心种族人口比例也发生了很大变化。汽车工业的发展使得大批白人中产阶级从市中心搬离，在乡间开始了隐秘安静的城郊生活，交通的便利也并不影响他们在市区的工作。相反，市中心的闹市区黑人居住比例大幅度上升，社会的普遍丰裕掩盖了部分人群真实的贫穷生活，由于经济条件和受教育程度的不足，这些区域成为滋生犯罪的温床，种族冲突时有发生，也为随之而来的黑人民权运动埋下伏笔。此外，人口的增长、经济的发展和政治的稳定还极大地刺激了消费。这一时期电视的出现也影响了生活的形态，各种新闻媒体和娱乐节目占据了中产阶级的文化生活，使人们的思想渐渐变得平庸、趋同，十分容易被主流意识形态掌控。

看似平静的表象下却还有暗流涌动。随着“热战”结束，美

① 钱满素、张瑞华：《美国通史》，上海社会科学院出版社，2020 年，第 408 页。

国政治经济渐趋稳定，但是又陷入与苏联的“冷战”之中。柏林危机、苏联核科技发展以及共产主义的扩张，使得美国对苏联产生强烈的戒备心，对共产主义的威胁深信不疑，在国内大搞意识形态动员，煽动人民对共产主义的敌意。意识形态的尖锐对立使得美国一些野心家政客疯狂地发动对国内涉共人士的围剿和迫害。早在战前成立的“众议院非美活动调查委员会”因调查与共产主义活动有关的嫌疑个人、公共雇员和组织的不忠与颠覆行为而著名，到战后接手了更多的所谓“共产党间谍案”，“希斯案”便是其中著名的一桩。[①] 前美国国务院高官阿尔杰·希斯（Alger Hiss）是罗斯福新政的重要成员，《时代》杂志的编辑惠特克·钱伯斯（Whittaker Chambers）向“众议院非美活动调查委员会”检举揭发希斯为共产党间谍，指控他曾向苏联递送美国国务院机密文件，希斯虽然拒不认罪，但还是被判 5 年徒刑。此案影响恶劣，许多美国人失去对政府的信任，政府工作人员对国家的忠诚度受到严重质疑。

此外，还有一件影响极大的“罗森堡夫妇案”。尤里乌斯·罗森堡（Julius Rosenberg）和艾瑟尔·罗森堡（Ethel Rosenberg）是居住在纽约的一对犹太夫妇，正如 30 年代大批犹太裔青年曾深刻卷入左翼运动，作为美国共产党员的他们，很早就受到调查局的怀疑和迫害。他们被指控为苏联盗窃原子弹机密，并最终被送上电椅，执行死刑。此后，“赤色恐怖”在美国弥漫开来，后来由来自威斯康星州的共和党参议员约瑟夫·麦卡锡（Joseph McCarthy）推到极致。麦卡锡本是一名不起眼的政客，自反共浪潮甚嚣尘上，他便歇斯底里地指控并调查国务院“共党分子”，自称掌握了一个两百多人的间谍名单，并通过一系

① 钱满素、张瑞华：《美国通史》，上海社会科学院出版社，2020 年，第 443 页。

列清剿行动攀爬到自己政治生涯的顶峰，掀起所谓的“麦卡锡主义”，使得美国国内一派草木皆兵。

直至50年代末60年代初，由于冷战的长期消耗，苏联和共产国际的势力日趋衰落，出现了分散而多样化的共产主义形态，美国的“新左派”也正是在这一时期出现。

（三）激荡的“60年代”

20世纪60年代是美国历史上极不平静的一个时期，光明与阴暗交织，发展与斗争共存。反战情绪的高涨，各类民权运动和青年反主流文化运动蜂拥而现，政府政策大刀阔斧的改革，以及总统约翰·肯尼迪（John Kennedy）的遇刺等，都注定为这个时代打上不可磨灭的烙印。这一系列事件都不只是历史的偶然，现代社会进程中的某种转折似乎正在悄然发生。

1960年，43岁的肯尼迪当选为美国历史上最年轻的总统。他敏捷活力、极富个人魅力，一扫50年代政治的沉闷，将变革的新风带进白宫。锐意革新的肯尼迪刚一上任便喊出了“新边疆”的口号，他在接受民主党提名的演说中讲道：“我们今天站在新边疆的边缘。这是六十年代的边疆，充满吉凶难卜的机会和危险的边疆，充满希望而又遍布威胁的边疆……边疆之外是未知的科学与空间领域、未解决的和平与战争问题、尚未征服的无知与偏见的孤立、尚没回答的贫穷与剩余问题。”此后，肯尼迪的一系列施政方针被史学家称为“新边疆政策”。新边疆政策涵盖内政和外交的多个方面，对内主要运用经济学家凯恩斯（John Keynes）的自由经济学说来刺激国内经济发展，减少政府干预，实行减税制，以太空计划推动高技术发展，通过区域开发计划解决贫困问题，提高社会福利等；对外则延续遏制思维，提出“和平战略”，以军事实力为后盾，强调用和平的方式加强西方盟国的地位，对苏联等社会主义国家实行“和平演变”，加强对第三世界的渗透与扩张，确立美国在世界上的霸主地位，对欧洲盟国则是提供协助重建的“马歇尔计划”。“请不要问国家能为你们做什么，而要问你们能为国家做什么。”这句提倡奉献精神的名言也出自肯尼迪之口，整个 60 年代似乎都沉浸在一片希望之中，焕发新的理想主义之光，人们仿佛伫立在“伊甸园”的门口。然而很快，肯尼迪遇刺给这段光明岁月蒙上了一层挥之不去的阴影，它预示着在希望之下还潜藏着黑暗斗争。

在肯尼迪推动国家政策革新的过程中，有关黑人民权法案的制定也是其中的重要内容。自 20 世纪 50 年代中期美国联邦最高法院裁定“种族隔离”学校违法以来，一系列黑人争取平权的事件慢慢汇聚成了一场持续二十年之久的政治运动。从“小石城事件”、蒙哥马利市公交罢乘以反对黑白种族隔离，到 1963 年马丁·路德·金（Martin Luther King）博士发表著名的演说《我有一个梦想》，黑人民权运动声势逐渐走高，他们要求废除种族隔离的一系列限制并要求与白人同等的公民权。虽然美国国会于 1964 年通过《公民权利法案》，1965 年通过《选举权利法》，正式以立法形式结束美国黑人受到的在选举权方面的限制和各种公共设施方面的种族歧视和种族隔离制度，但现实仍不容乐观，斗争愈演愈烈，甚至从最初的罢工罢乘、广场集会、示威游行发展到了武装斗争的程度，另一位穆斯林黑人民权领袖马尔科姆·X（Malcolm X）就是暴力斗争路线的倡导者。从某种程度来说，黑人民权运动为固化的美国政治秩序创造了一个突围的破口，自此之后，少数族裔和少数群体不满自身弱势地位而寻求平等的运动斗争时有发生，也反向推动了相关文化理论的构建与发展，为不平静的 60 年代带来了更加多元的声音。

此外，在冷战的大格局之下，意识形态的对抗还险些酿成热核战争。1961 年，在美国的支持下，古巴流亡分子驾驶战机对古巴实行了为期两天的轰炸，并从古巴猪湾登陆，企图颠覆卡斯特罗政府，史称“猪湾事件”。卡斯特罗转而向苏联求助，苏联领导人赫鲁晓夫意欲扩大苏联在拉丁美洲的影响力，决定在古巴部署导弹与美国对峙抗衡。此举引起美国的强烈反应，肯尼迪随即下令将装载有核弹头的军机部署在古巴周围，全面进入备战状态，核战争一触即发。这次导弹危机最终以苏联寻求妥协而宣告结束，但加重了冷战的阴霾，美国的对外政策进一步紧缩。

与此同时，为了协助盟友法国维持在越南的利益，肯尼迪派遣一支小型特种部队进入越南，培训南越部队作战，并极力避免军队正式介入。但随着战争的不断升温，美国持续加大了对越南的军事投入，最终深陷越战的泥淖无法自拔，即便肯尼迪遇刺后，继任总统约翰逊也未能扭转局势。直到 1965 年，美军在越战中的军事投入再一次重大升级，地面部队大幅增加，空中军事力量也不断升级。然而，巨大的军事投入并没有如想象那样使得北越军队屈服，越战造成的美军伤亡和财政消耗反而在美国国内引发极大不满。同年，密歇根大学师生率先举行反战辩论会，此后大学生反战运动逐渐扩大，形成一股强大的势力，这股势力最终汇聚成了庞大的青年反主流文化运动。生长在第二次世界大战后的一代人，从 50 年代的沉闷政治和“丰裕社会”中成长起来，却满怀浓重的虚无感，他们不满固化的现行秩序，逐渐开始批判政府和精英统治，要求更高的民主和“言论自由”，他们在校园和街头分发传单、集会示威、组织募捐，并坚定地认为越战是一场不义之战，运动甚至造成警察与学生之间的冲突。这批青年中政治上的激进分子逐渐形成了 60 年代的“新左派”，思想家赫伯特・马尔库塞（Herbert Marcuse）的“新感性”理论则为他们批判资本主义异化提供了强有力的理论武器。他们深感自己作为青年知识分子的历史使命，要求变革现存的僵化的资本主义社会，要求对人作为主体的个性与自由的尊重，而马尔库塞本人也成为“新左派”的精神教父。这一时期诞生了丰富的文化思潮和文化现象，比如“垮掉的一代”（Beat Generation）、“嬉皮士”（Hippie）和摇滚乐等。

（四）新保守主义与宗教复兴

60 年代的激荡和波澜却并未持续太久，进入下一个十年，那些激动人心的反战情绪、民权运动和青年的“愤怒”，很快便湮没在了历史进程的潮流之中，如同飘荡在水面被戳破的泡沫。海外战争的能耗和资本主义制度内部的通货膨胀，使得美国再一次陷入失业率上升和经济衰退的困境中。如果说五六十年代经济复苏和“丰裕社会”使人们生活普遍富庶，文化和意识层面的开阔和自由滋养了多元化的社会氛围，那么到了 70 年代，这一切都变得寻常而缺乏意义了，新的虚无感和精神危机正在侵蚀着美国人的心灵。成长于第二次世界大战后的一代，“他们比父辈更为自由，但并不更具革命性”①，年轻人的激昂情绪似乎在他们成长之后被职业和家庭问题耗尽，整个美国社会也似乎被所谓“后工业”时代的黯淡前景、丧失价值、缺乏意义的愁云笼罩。

从 60 年代转入 70 年代，政治上的一股“新保守主义”（Neoconservatism）倾向日渐抬头。共和党参选人尼克松（Richard Nixon）就任总统，为了满足支持他的“沉默的大多数”——保守的中产阶级，他对内提出控制社会改革、分散权力并捍卫传统价值，对外却希望重新平衡国际关系，顺从国务卿基辛格（Henry Kissinger）的建议，接受“多元中心”的世界格局，彼此制约、相互合作。也正是基于这样的政策，1972 年，尼克松访华，打破了中美长达二十年的坚冰，达成建交。外交上的成功给尼克松带来了政治威信，也使他变得更为自负，日益独

---

① ［美］丹尼尔·贝尔：《资本主义文化矛盾》，严蓓雯译，江苏人民出版社，2012 年，第 209 页。

断专行，最终在“水门事件”遭遇滑铁卢。无视法律、滥用职权最终断送了尼克松的政治生涯，严重的腐败问题也使得民众对政府产生信任危机，加上经济的衰退，美国社会日益弥漫着焦虑不安的情绪。广大的新中产阶级和南方势力的崛起，使得美国政府不得不采取更加保守的政治策略，以维护他们的既得利益，维持他们安定舒适的生活环境，这些变化极大地刺激了“新右翼”的兴起。

从思想来源上说，哲学家列奥·施特劳斯（Leo Strauss）的“自然权利”说为新保守主义的兴起奠定了哲学基础。施特劳斯从西方古典政治哲学中汲取养分，批判现代性和启蒙运动以来的道德法制观念，提倡自然即权威，万事万物都有既定的秩序和位置，要在自然当中去寻求道德和智力的完善。这种带有古典乌托邦色彩的哲学为新保守主义崇尚权威、反对现实变革提供了思想资源，他们认为自身掌握了自然权利和自由民主，因而具有自然合法及正当性。伴随思想上对古典政治哲学复归的还有对宗教的回归。面对公共领域的道德空虚和人们的精神危机，福音派组织希望“借由宗教的复兴来谋求维持公共秩序的道德共识”①，他们极大地介入现实政治，强调经济自由，维护传统家庭价值观念，反对道德上的相对主义，崇尚精英和权威，发展到后来甚至出现了由牧师直接参选总统的情况。

本书将重点讨论的丹尼尔·贝尔及“未来宗教”也是这一时期宗教复兴的重要一支，而汉娜·阿伦特对宗教救世主义的批判也是基于这一潮流的兴起，他们的犹太裔身份或许为我们分析其思想的复杂性提供了一个重要视域。犹太裔与美国政治经济之间的深刻关联，是本书分析犹太裔知识分子现代性批判理论的重要

---

① 钱满素、张瑞华：《美国通史》，上海社会科学院出版社，2020 年，第 522 页。

背景，他们对道德完善的追寻和对理想秩序的渴望，促使他们在理论构建和现实政治介入的过程中带有某种持续的“救赎”感。

二、涌动的文化思潮

第二次世界大战后的三十年间，美国是一个充满动荡与变革的国度，也是一个传统与现代甚至后现代产生激烈碰撞与交锋的场域。从战后重建家园、以强烈的道德主义和传统价值为主导的 50 年代，到反叛、变革和倡导多元价值的 60 年代，再到消解权威和意义以及虚无主义盛行的 70 年代，美国社会在经历一系列政治事件、经济起伏和宗教复兴的同时，也掀起了风起云涌的文化思潮运动。

如果说 60 年代作为思想激荡的高峰而镌刻在美国文化史中，那么，50 年代则是尚且保有深刻道德主义色彩的传统价值的年代。迪克斯坦总结道：“五十年代的主要特点之一无疑是其道德主义，这种道德主义表现在将具体的政治问题转换成抽象的道德问题。”① 当政治上陷于意识形态的冷战，国内社会氛围的紧缩难以避免地降临到每一个普通人的头上，这种精神状态表现于美国文学特别是小说之中。50 年代的美国，文学与政治是一体两面，其中影响最大的是一场名为“犹太美国文艺复兴”的文学思潮，德尔默尔·施瓦茨（Delmore Schwartz）、保罗·古德曼（Paul Goodman）和索尔·贝娄（Saul Bellow）等作家都是其中的代表人物。他们的作品大都采用现实主义的叙事方法描写失去根基的、带有强烈道德主义色彩的传统犹太主人公，往往表现“受难与救赎”的宗教性主题，或许正是这种隐忍悲悯的精神气质同当时压抑顺从的文化氛围相契合，使之成为占据 50 年代美

① ［美］莫里斯·迪克斯坦：《伊甸园之门：六十年代的美国文化》，方晓光译，新星出版社，2019 年，第 79 页。

国文学中心位置的一批作品。但即便如此，社会也并非铁板一块，在表面的压抑和保守之下已经潜藏着变革的暗流。50 年代后期，出现了一些迥异于主流道德寓言小说的"离经叛道"之作，如诺曼·梅勒（Norman Mailer）的《白种黑人》（*The White Negro*：*Superficial Reflections on the Hipster*，1957），已经表现出在 60 年代大放异彩的"垮掉的一代"的嬉皮士心理状态，"嬉皮士"（hipster）一词也正是来源于此书。这种反叛情绪逐渐汇聚为一股"地下文学"潮流，向保守文化的统治秩序发动冲击。

史家将美国的 20 世纪 60 年代称为"反文化"（counterculture）时代。经历了战后一段时期的文化保守和思想压抑，随着经济的恢复和对人作为主体的再认识，这一时期文化思想上最明显的转变在于人们对"权利"的普遍追求。青年一代追求和平与实现自身价值的权利，女性追求与男性平等的权利，黑人及少数族裔追求与白人同等的权利，他们强调从身体到思想的双重解放，关心个人的命运，渴望自我实现，这些驱动力使得文化思想从总体化、同一性走向了多元主义。

青年反叛文化和学生运动是"反文化"思潮的一大主流，他们的思想理论根源可以用其精神领袖马尔库塞的批判理论加以总括。马尔库塞的批判理论是将马克思主义与弗洛伊德理论进行综合的结果，其核心在"爱欲"（Eros），即一种先天形成的无意识生命本能。① 只有达到爱欲的解放才能实现人的解放，而劳动是最基本的爱欲活动，现实制度和统治秩序则是造成劳动压抑的根本原因，因而爱欲解放的关键在于劳动的解放，这样便形成了马

---

① 马尔库塞认为，爱欲作为生命本能，既包括性欲，也包括食欲、休息、消遣等生物欲望，爱欲的器官遍布人体各个部位，爱欲的活动囊括了人类的一切活动。参见［美］赫伯特·马尔库塞：《爱欲与文明》，上海译文出版社，2005 年，译者序第 4—5 页。

尔库塞自身的爱欲解放论。反叛的青年学生们虽然在衣食无忧中成长，却深感在固化的现实秩序里难以实现自身价值，越战的恐怖阴影又击碎了他们内心美好的理想主义憧憬，他们从马尔库塞的爱欲解放论中汲取思想资源，深信爱欲的解放与文明并不相悖，关键是要采取必要行动击碎现行的统治秩序加诸人的枷锁。性解放成为青年学生反叛以及对当代资本主义批判的一种方式，他们认为，“性自由体现出了隔离的消除，它意味着跨越界线的自由，以及从性的角度去接触他想接触的任何人的自由”①，这显然是对美国建国以来的核心价值基础——新教伦理和禁欲主义的一种严重冒犯，也是其深刻压抑的反弹。而马尔库塞的《单向度的人》同样也被反叛青年学生奉为圭臬，他所提倡的“大拒绝”（the Great Refusal）也成为青年学生的一种革命方式。“马尔库塞认为，‘新左派’对当代资本主义的否定，不是暴力否定暴力，而是非暴力反抗，这种反抗的形式就是‘大拒绝’。”② 在将艺术与革命统一于现实变革的具体实践时，马尔库塞的“新感性”理论又成为“反文化”主义者打碎旧有体系，建立全新感官体验的行动指南。他认为，“鉴于发达的资本主义所实行的社会控制已达到空前的程度，即这种控制已深入到实存的本能层面和心理层面，所以，发展激进的、非顺从的感受性就具有非常重要的政治意义”③。“垮掉的一代”的文艺创作和存在主义式的生活方式，也正基于此种理念展开。通过游行示威、群聚抵抗和罢课创作等途径，青年学生反叛运动成为马尔库塞带有乌托邦色彩的

① ［美］理伯卡·E. 卡拉奇：《分裂的一代》，覃文珍等译，社会科学文献出版社，2001年，第180页。

② 郑春生：《乌托邦的批判：从马尔库塞理论看六十年代学生运动》，《浙江学刊》，2009年第3期，第58页。

③ ［美］赫伯特·马尔库塞：《审美之维》，李小兵译，广西师范大学出版社，2001年，第124页。

批判理论的实践范本，也是应对资本主义深刻的精神危机的行动选择。

而美国的女性主义批评也从这一时期大环境下的激进理念和民权运动中汲取了力量，这是继欧洲的前辈弗吉尼亚·伍尔夫（Virginia Woolf）和西蒙·德·波伏娃（Simone de Beauvoir）之后掀起的第二次大规模女性主义浪潮。1966 年，女性主义思想家贝蒂·弗里丹（Betty Friedan）创建了“全国妇女组织”（National Organization of Women），一大批女性主义学者如玛丽·埃尔曼（Mary Ellmann）、凯莉·米利特（Kate Millett）直至七八十年代的朱迪斯·巴特勒（Judith Butler）等，从性别而非阶级的视角展开批评分析。她们大多出生于中产阶级，受过良好教育，对自身的价值和人生理想有所觉悟，却被排除在男性结构的公共领域之外，陷于个人和家庭事务中而愤愤不平。她们的批评涉及政治、社会、性别与心理等多面向思考，与传统马克思主义及存在主义、后结构主义等多元化的理论有着深刻的联系。通过进行文学创作和文化批评，女性主义的声音得以放大，成为美国 60 年代多元文化思潮的重要一支。与此同时，黑人和少数族裔的民权运动引发了关于“身份政治”问题的大讨论，这些围绕特殊人群和个体展开的斗争要求政治承认和对其身份的认可。非裔美国文学评论家艾米理·巴拉卡（Amiri Baraka）是其中最为激进的“反文化”主义者，他在关于“黑人文学的神话”（The Myth of a “Negro Literature”）的演讲中宣扬黑人民族主义，要求完全摆脱白人文学特别是白人中产阶级文化的影响，从自身身份和黑人文化传统中去汲取文学养料，重新树立起黑人自己的审美观和价值观。在强烈政治目的的驱使下，非裔美国文学界将文学艺术作为现实斗争的工具，文艺的政治功能得到了空前的凸显。这一批评倾向持续到 70 年代似乎才得到缓解，他们不再如此激烈地排斥白人文化的影响，而是在努力构建美国黑人自身的话语体系、体现黑人文化传统精神的同时，仍旧从西方文化批评中吸取和借鉴了许多理论资源。小亨利·路易斯·盖茨（Henry Louis Gates）在《黑人性序言：文本与前文本》（Preface to Blackness：Text and Pretext，1979）一文中便明确表达了关于黑人文化的探讨应回归文学本质的观点。女性和种族文化运动同前述青年反叛运动一起，共同构成了美国 20 世纪 60 年代“反文化”思潮的三座大山，成为展现美国资本主义文化社会精神危机和探索解救之道的伟大实践。

伴随政治上新保守主义的兴起，文化上也吹起一股保守主义之风。当 60 年代的激进主义思潮渐渐退却之后，美国一批思想家、社会学家和政治学家开始重新思考现实问题和资本主义危机的解决之道。文化保守主义的代表思想家之一是犹太裔社会学家丹尼尔·贝尔，他试图从文化现代性的角度来分析理解美国社会所面临的一系列精神变革。贝尔通过对资本主义文化矛盾和美国六十年代文化情绪的审视，敏锐地察觉到了文化激进主义的退却和疲态。他认为，资产阶级社会在经济上所倡导的个人主义成为文化领域中过度的自我膨胀，这种文化上的自我膨胀反过来限制并阻碍了资本主义经济的发展。① 贝尔还一针见血地指出，这种“文化自我”的冲动并非真正的激进，而只是一种反叛性的示意。贝尔仍旧肯定了资本主义理性和经济的发展逻辑，而试图从主体精神领域去寻找解决办法。这种倾向使他同当时一股强大的宗教复兴浪潮走到了一起，他批判“大众文化”，希望借助宗教去修复现代资本主义社会中受损的个体精神。然而，在政治、经济和文化全面世俗化的现代社会，仅仅通过文化和精神上的向神圣和伦理价值的回归，而试图解决资本主义社会的整体性危机，其结

① ［美］丹尼尔·贝尔：《资本主义文化矛盾》，严蓓雯译，江苏人民出版社，2012 年，第 154 页。

果值得我们审思。

除了这股逆文化激进主义的文化保守主义思潮，接续其反叛性，反思并超越这种激进主义颓势的多元思考也持续出现，这便是所谓“后现代主义”思潮的兴起。同为犹太移民后裔的文化批评家苏珊·桑塔格（Susan Sontag），师承前辈知识分子如丹尼尔·贝尔和“纽约文人圈”的莱昂内尔·特里林等人，却以第三代纽约文人的身份成长为新生代文化批评家。以桑塔格为代表的“新生代”强烈感到，“第二代人所持守的社会文化批判方法已经庸俗化，完全不能满足时代的审美之需”[①]。他们从欧洲左翼先锋文艺思潮中汲取资源，主张将“垮掉的一代”反叛性的文化情绪推到极致，达到真正的文化革命效果，摆脱贝尔曾批判的“伪激进”。桑塔格采取形式主义的批评方式，强调文学文本的有机统一和审美的自足性，“重视文学中的复杂性、反讽和世界大同主义”[②]。此外，受欧洲结构主义和解构主义思潮影响，以爱德华·萨义德（Edward Said）、加娅特里·斯皮瓦克（Gayatri Spivak）和霍米·巴巴（Homi Bhabha）等批评家为代表的后殖民主义，前述女性主义、种族主义，甚至以斯蒂芬·格林布拉特（Stephen Greenblatt）为代表的新历史主义等批评潮流相继在美国思想界兴起，共同汇聚成了20世纪70年代美国资本主义文化批评多样性的丰富内涵。

① 张劲松：《纽约文人集群与苏珊·桑塔格》，《集美大学学报（社会科学版）》，2020年第3期。

② ［美］M. A. R. 哈比卜：《文学批评史：从柏拉图到现在》，阎嘉译，南京大学出版社，2017年，第520页。

第二节　犹太人问题与犹太人形象

一、马克思论犹太人问题

有关犹太人问题的激烈争论最早发生在 19 世纪 40 年代马克思与布鲁诺·鲍威尔关于犹太人问题的论争当中。这场论争距离第二次世界大战尽管相隔了一个世纪，但是它对犹太人问题的剖析比较深远，尤其是两位政治理论家不但在不同的思维方式中研究犹太精神的实质，同时也对犹太人获得“解放”的可能性进行了评价。在马克思生活的时代，德国的犹太人尚未获得公民权，但是马克思恰恰就是在这样一种落后情形中指出了犹太人在未来获得公民权及政治权利之后所需要达到的“人的解放”这一更高层级的目标。正是这种看待问题的长远眼光，使得这一争论本身能够为犹太人问题的解决提供某种参考的框架，也使犹太知识分子对自身历史使命的思考呈现出与整个人类命运休戚与共的责任感和崇高感。更进一步地说，它为一个世纪之后犹太知识分子解救资本主义现代性危机提供了一种“批判理论”式的思维模式先导。

马克思与鲍威尔都认为犹太人体现出一种与基督教世界格格不入的特质，但对这一问题的原因给出了截然不同的解释。在鲍威尔看来，犹太人在基督教世界所显示出的独立性、排外性，归根究底是由犹太教的狭隘性，即犹太人“上帝选民”的优越心态以及犹太人自古以来固执地恪守戒律造成的，而事实上，这种戒律早已不再适合他们生存于其中的世界：“戒律并不能给一个民族提供长久的内在的伦理支持，因为它不具备在任何时代都不过时、都需要被遵循的合法性和可操作性。这样，恪守这些戒律就变成了一个没有灵魂的假象；为了真诚地维持这个没有灵魂的假象，人们最终必须把虚伪作为避难所。”① 即鲍威尔认为犹太民族的民族性与犹太教密不可分，而这种犹太教在历史的发展中已经变成了一种不合时宜的教条式的东西。马克思的看法则大不相同：“我们不是到犹太人的宗教里去寻找犹太人的秘密，而是到现实的犹太人里去寻找他的宗教的秘密。”② 他的思路此时已带有社会批判的色彩，即从实际的社会存在的角度来看待犹太人的民族性。最终马克思得出的结论是，犹太人或犹太精神的实质是金钱，是世俗的经商牟利。马克思对犹太民族性的界定和批判最终指向的是对资本主义的批判，因此，他在概括犹太精神的时候难免会忽略掉犹太人及犹太教精神中较有价值的方面。正如威廉·布朗沙尔所说：“他集中抨击的是犹太人模式化特征的一个特殊组成部分：资本积累。”③ 于是，马克思和鲍威尔的观点实际上呈现的是对犹太民族性解释的两个极端。事实是，由于犹太人长久以来没有自己的国家，只能在全世界四处流浪，而唯一能够把他们联系在一起构成一个民族的是他们的宗教和语言，这就意味着犹太民族性在很大程度上是由犹太教塑造的。不了解犹太教与基督教在起源上的共通性，不知晓犹太教的伦理、哲学、神秘主义以及它独特的语言观，就无法理解何为犹太性。

在马克思与布鲁诺·鲍威尔的三次思想交锋中，《论犹太人问题》一文的影响最为广泛。在这篇文章中，马克思对犹太人以及犹太精神展开了激烈的批判。他嘲讽地说，犹太人自身的解放

---

① 聂锦芳、李彬彬：《马克思思想发展中的“犹太人问题”》，中国人民大学出版社，2017 年，第 7 页。

② 聂锦芳、李彬彬：《马克思思想发展中的“犹太人问题”》，中国人民大学出版社，2017 年，第 157 页。

③ 聂锦芳、李彬彬：《马克思思想发展中的“犹太人问题”》，中国人民大学出版社，2017 年，第 313 页。

在现实当中并不表现为犹太人放弃犹太教，成为“公民”，而是在整个基督教世界被金钱的势力逐渐腐化的过程中，它降格到与犹太精神趋于一致：“犹太人用犹太人的方式解放了自己，不仅因为他掌握了金钱势力，而且因为金钱通过犹太人或者其他的人而成了世界势力，犹太人的实际精神成了基督教各国人民的实际精神。基督徒在多大程度上成为犹太人，犹太人就在多大程度上解放了自己。”① 在马克思眼中，犹太人最为集中地体现出市民社会的精神，那就是自私自利、唯利是图。对于这个问题，我们要追问的是，犹太人从来都是如此吗？这种聚敛财富的习性是不是有它自身形成发展的特殊的社会原因？或者说，这种印象是否是由特定的经济和政治危机之下各方势力的合谋共同塑造的？

事实上，犹太人从事金融行业的一个原因是基督教世界对于犹太人从业的限制。在欧洲历史上，从基督教占据统治地位以来，犹太人就不断地受到排挤。他们的居住地被集中安置在“犹太人胡同”（Judengasse）里，并且不能从事基督徒的行业。这种限制迫使犹太人在高利贷及金融行业中不断开拓以致最终建立了自己的金融帝国：“他们被排斥在手工业行会和商业中心之外，因而他们根本没有机会同普通居民进行激烈的竞争。在他们中间，那些通过借贷而成功地聚敛了大笔财富的人提供了一种迫切需要的服务，这是因为基督徒的高利放贷为教会的法律所禁止。天主教会的国王、贵族和权势人物已经发现，那些犹太借贷人在为自己的政治计划筹集资金方面是非常有用的，所以对他们提供了一定程度的保护措施，以防止暴民们的激烈行为。”② 在此之后，启蒙以及资产阶级革命之后的重商主义又推动了犹太人一直

① 聂锦芳、李彬彬：《马克思思想发展中的“犹太人问题”》，中国人民大学出版社，2017 年，第 158 页。

② ［美］摩迪凯·开普兰：《犹太教：一种文明》，黄福武、张立改译，山东大学出版社，2002 年，第 82 页。

以来深耕的领域的发展，这导致了犹太人在金钱和实际的政治权力上的不对等。美国和法国在资产阶级革命时期相继出台法律给予犹太人公民权，但同一时期的德国由于地方割据而在政治上还较为落后，于是犹太人问题在19世纪40年代的德国就表现得极为突出。在实际的社会生活中，无论犹太人获得公民权与否，市民社会的存在以及它不断扩张的巨大力量，都致使经济冲突演变为社会冲突最主要的表现形式。犹太人问题表面上看是一个宗教的问题，实际上却是国家内部经济利益冲突的诸多表现之一。从本质上看，犹太民族由宗教信仰而来的相较基督教世界的异质性最终承当了资本主义经济危机时期有关焦虑想象的现实替代物。

二、法兰克福学派的偏见研究

马克思的结论难以超越，但并非不可超越。无论是法兰克福学派由霍克海默牵头进行的有关美国反犹主义的研究，还是第二次世界大战后美国本土学者对60年代文化氛围的研究，最终都显示出犹太人的生存状况与现代人的无家可归有着某种结构上的相似性。这预示着犹太人的生存状况有可能被赋予正面的意义，从而以一种与马克思极为不同的方式使犹太人的解放这一问题具备新的含义。但是，这种看法的形成经历了复杂的过程。就法兰克福学派而言，它是以马克思的观点为基准，在继承马克思而又超越马克思的基础上实现的，这一实现凭借的是一项有关美国战争期间反犹主义的偏见研究。而对于研究美国60年代文化的莫里斯·迪克斯坦来说，其观念更多来自对那个年代的亲身经历以及对犹太人所创作的文学作品的分析。

在有关犹太人的问题上，法兰克福学派最开始基本认同马克思对犹太人的看法，即他们与马克思一样反对弥漫在犹太人中的资本主义，在他们看来“犹太人＝资本主义”；与此同时，他们也并不想把犹太人问题当作一个重大的、亟待解决的问题，这其实仍然遵循了马克思《论犹太人问题》的思路，并不仅仅将犹太人的解放看作民族解放的问题，而是将其纳入“人的解放”这样一个更高的目标之中。也就是说在研究所的早期规划当中，尤其是在纳粹上台直至学派成员移居美国之后，霍克海默以及他的同事“仍倾向于将反犹太主义纳入更大范围的阶级冲突之中”①。此时他们对犹太人问题的认识依旧停留在马克思的水平上。在马丁·杰伊看来，这种立场显示出法兰克福学派早期的激进性，即学派成员始终坚持其理论社会革命的政治色彩。

但是，随着第二次世界大战的深入，情形开始有所改变，“一个主要致力于反犹太主义研究的大型规划已在计划之中”②。1942年夏天，学派领导人霍克海默同美国犹太人委员会（AJC）建立了联系，该委员会“希望欧洲发生的一切能在美国避免，可以拨出一笔相当大的基金，帮助研究所成员聚集在一起，开展拟议中的、耗资巨大的偏见研究”③。可以说，这项计划是学派迈向精神分析的一个过渡。紧接着，就有了后来高度理论化的霍克海默、阿多诺的《启蒙辩证法》，霍克海默的《理性之蚀》，阿多诺的《最低限度的道德》，以及更偏向经验研究的《偏见研究》《权威人格》《权威与家庭研究》。同时，有经济学背景的诺依曼出版《巨兽》一书以及发表《焦虑与政治》一文，阐述他有关反犹主义更深层次原因的见解。如果说《巨兽》一书还秉持着反犹主义的经济合理性的观点，那么《焦虑与政治》这篇文章则代表

① Martin Jay. “The Jews and the Frankfurt School：Critical Theory’s Analysis of Anti-Semitism”，*New German Critique*，*Special Issue 1:Germans and Jews*. Duke University Press，1980，p. 137.

② Martin Jay. “The Jews and the Frankfurt School：Critical Theory’s Analysis of Anti-Semitism”，*New German Critique*，*Special Issue 1:Germans and Jews*. Duke University Press，1980，p. 139.

③ ［美］马丁·杰伊：《法兰克福学派史》，单世联译，广东人民出版社，1998年，第253页。

着其观点从经济因素向心理因素的过渡："这篇文章由于其对政治生活中非理性力量姗姗来迟的承认而成为诺依曼智力发展的一个里程碑。"① 诺依曼个人的这种观点上的转变与学派核心成员该阶段的转变是同步的，但是，作为一个经济学家，这种转变显得更加引人注目。如果说学派核心成员在更早的时候就已经意识到了潜藏在政治生活中的非理性主义，那么这篇文章的出现则以一种更具说服力的方式肯定了这一设想的合理性。从更加广阔的时间维度来看，研究所对反犹主义的专门研究激活了心理因素在批判理论未来发展中的潜力。这项研究计划的进展对学派以后的理论走向有着至关重要的作用。如果说此阶段学派成员还聚焦在反犹主义的心理因素的考察上，那么下一步就是将整个批判理论的研究转移到心理学的阵地，而这极为突出地体现在马尔库塞身上。

在此，要问的是，法兰克福学派在美国的这项研究计划对于犹太人和"犹太性"有什么新的认识呢？他们超越马克思的地方在哪里？首先，法兰克福学派在第二次世界大战期间关于犹太人的研究所得出的结论是对长久以来有关犹太人想象的一种解构。通过这项研究，学派成员将反犹主义的原因从宗教、社会阶级、经济最终推向了心理层面的非理性主义。马丁·杰伊认为，《权威人格》一书"没有任何地方试图从阶级的角度看待反犹主义"②。学派成员得出的结论是，犹太人作为基督教世界的他者，是最易遭到"投射"的对象："他们声称，这种投射最常见的体

① Martin Jay. "The Jews and the Frankfurt School：Critical Theory's Analysis of Anti-Semitism"，*New German Critique*，*Special Issue 1:Germans and Jews*. Duke University Press，1980，p. 140.

② Martin Jay. "The Jews and the Frankfurt School：Critical Theory's Analysis of Anti-Semitism"，*New German Critique*，*Special Issue 1:Germans and Jews*. Duke University Press，1980，p. 142.

现是犹太人，他们在煽动者的幻想世界中既是迫害者又是猎物。就像‘他人’一样，犹太人是偏执投射的受害者。”① 在《法兰克福学派史（1923—1950）》一书中，马丁·杰伊又写道：

> 真正的知识意味着区分知识和情绪投射的能力，妄想狂其实是缺乏教养的人格，其超越直接性只是为把现实简化为一个具体化模式。他不能沟通内在与外在、表象与本质、个人命运和社会现实，妄想狂的和谐是以失去其本己的自律为代价的。他们认为，在晚期资本主义社会，这种条件已普遍化了，集体性投射如反犹主义发生在个体人身上，其结果是半教育人格成为“客观精神”，最终在法西斯主义下，自律的自我完全被此集体投射的统治所毁灭，妄想狂欺骗体系的总体性与极权主义的法西斯社会相应。②

也就是说，这项研究从更普遍的意义上来讲是对反少数民族偏见的研究，它试图说明在一个数量庞大的群体中，对少数民族的偏见具有怎样的性格模式基础和意识形态基础，“权威人格”这种人格类型才是反犹主义最深层次的心理根源，而犹太人只是恰巧成为此种人格进行投射的“他者”而已。实际上，对这种性格模式基础的揭示本身就已经解构了反犹主义的合理性，阿多诺的这番话可以表明学派成员已经明确意识到对反犹主义的认识不能再仅仅停留于阶级思维：“在欧洲，这种综合征（F 级高分者的专制人格）曾经是中下阶级的典型特征。在这个国家，我们可

① Martin Jay. “The Jews and the Frankfurt School: Critical Theory's Analysis of Anti-Semitism”, *New German Critique*, *Special Issue 1: Germans and Jews*. Duke University Press, 1980, p. 142.

② ［美］马丁·杰伊：《法兰克福学派史》，单世联译，广东人民出版社，1998 年，第 265 页。

以期待那些实际地位与他们所渴望的不同的人也会这样。”①

上述情形表明学派已经走在超越马克思有关犹太人看法的道路上，而更进一步则是霍克海默和阿多诺对反犹主义根源的一个“半是历史的，半是超历史的理论假设”②。在阿多诺看来，西方文化对流浪的犹太人的想象以及对后游牧时代定居生活方式的看法导致了一种明显的嫉妒心理。西方人认为后游牧时代的定居生活在一种人与土地的密切关系中造成了压抑，当基督教世界的所有人都处于这种压抑性的并且无法改变的生活方式中时，他们幻想中的犹太人依旧停留在过着流浪的、自由自在生活的景象之中。这种幻想显示出世俗社会中逐渐异化的个体不可摆脱的挫折和痛苦以及此种痛苦不由自主地寻找愤怒所要投射之对象的情形。尽管此时犹太人已经脱离了以往的流浪生活，但是如今他们在经济领域所处的优越地位导致西方文化认为犹太人就是不劳作而获得幸福的人。无需工作与“寄生性的消费特性”重叠成一副想象中的犹太人的面孔，作为无法满足的愿望进行报复的对象，即犹太人形象“体现了无需辛劳而可满足的梦想，在这个梦中，人的挫折会导致狂暴移置投向那些仿佛已实现了这一愿望的人们”③。而马丁·杰伊对《反犹主义要素》一文的总结则更加一针见血：“犹太人受到憎恨是因为他们受到秘密嫉妒，他们正失去其作为中产者的经济作用，似乎体现了这样一些令人羡慕的特质：不工作而有财富，没有权力而幸运，一个没有边界的家和没

① Martin Jay. “The Jews and the Frankfurt School: Critical Theory's Analysis of Anti-Semitism”, *New German Critique*, *Special Issue 1:Germans and Jews*. Duke University Press, 1980, p. 143.

② ［美］马丁·杰伊：《法兰克福学派史》，单世联译，广东人民出版社，1998年，第265页。

③ ［美］马丁·杰伊：《法兰克福学派史》，单世联译，广东人民出版社，1998年，第265页。

有神话的宗教。”① 总而言之，由于不为周围环境所接纳，犹太人作为“他者”的命运具有永恒的悲剧性。

然而，这种对犹太人悲剧命运的认识既没有导致一种悲观的情绪，也没有让学派成员回到马克思改造外部社会的革命方案上。在将第二次世界大战后的美国社会视为一种法西斯主义较为温和的延续这一看法之下，学派成员已经从马克思通过变革生产关系的方式来解放犹太人的思路转换到一种新的看待犹太人的视角。曾经，犹太人与整个社会之间关系的疏离被认为是不合群、不正常的，是需要想方设法改变的，但这种看法是建立在整个社会被认为是“正常”的、“合理”的情况之下；如今，当学派得出战后美国社会弥漫的工具理性和所谓的操作原则对占人口绝大多数的普通人造成了广泛的压抑，即当这个社会已经出现了严重问题的时候，犹太人与整个社会的格格不入反倒显示出一种极具政治色彩的“拒绝”的姿态。犹太人的拒绝被同化就仿佛是对西方文化当中早已有之的极权主义的冒犯，换句话说，反犹主义从根本上来说是对“他者”的排斥：“对霍克海默和阿多诺来说，也许反犹太主义及其功能对等物的最终来源是西方文明中由极权主义所主导其冲动的对非同一性的愤怒。”② 于是，学派核心成员，尤其是霍克海默和马尔库塞 反旧有的诸多偏见，对犹太人不能被也不愿被社会完全同化的生存状况给予了正面的解释：“在拒绝被同化的意义上，犹太人象征着融入马尔库塞所说的‘受管理的世界’

---

① ［美］马丁·杰伊：《法兰克福学派史》，单世联译，广东人民出版社，1998 年，第 266 页。

② Martin Jay. “The Jews and the Frankfurt School：Critical Theory’s Analysis of Anti-Semitism”，*New German Critique*，*Special Issue 1:Germans and Jews*. Duke University Press，1980，p. 148.

或‘单向度社会’的一种障碍。”[①] 这一解释强行将犹太人苦难命运的现实情形扭转为一种具有高度主体性色彩的反抗行动，因此，尽管这在客观上有助于澄清犹太人的形象，但我们也不得不对其持一种批判性的态度。毕竟，这种所谓的“拒绝被同化”若对应到现实当中，极有可能表现为对现实政治的漠视，而这种政治上保守的态度是与五十年代美国社会整体的政治氛围相一致的。于是，这一态度表面上的激进性实际上就变得值得怀疑。此外，这一解释的逻辑结果则是对犹太教、犹太哲学等精神遗产情感上的亲近性，尽管这种亲近性本应源于其自身的犹太身份。对犹太人认识上的革新导致同化了的犹太人展开了对自我的重新认识。

三、战后犹太作品及其人物形象

就整个社会对犹太人形象的感知而言，50 年代保留了对 40 年代犹太人悲惨处境的记忆，而这一记忆本身又与美国人当时对自身处境的感受形成了呼应，正如莫里斯·迪克斯坦在《伊甸园之门：六十年代的美国文化》一书中所言：“到了五十年代初期，犹太人已经在很大程度上成为美国的‘典型人物’，就像六十年代初的黑人一样。在大屠杀之后，犹太人的命运对很多人来说已经变成了人类处境的一篇寓言故事：一出毫无意义的可怕的受难剧，它揭示了恐怖和邪恶的种种现代特征。”[②] 也就是说，犹太人在此时所激发的想象已经关涉到对人类一般命运的思考，而绝非仅仅是对流浪的异邦人的怪异想象。犹太人身上集中体现了现代人的无家可归之感。

---

① Martin Jay. “The Jews and the Frankfurt School: Critical Theory’s Analysis of Anti-Semitism”, *New German Critique*, *Special Issue 1:Germans and Jews*. Duke University Press, 1980, p. 148.

② ［美］莫里斯·迪克斯坦：《伊甸园之门：六十年代的美国文化》，方晓光译，译林出版社，2007 年，第 50 页。

从历史的角度看，我们必须将西方文化的种种偏见建构起来的犹太人形象与犹太人本然的面貌进行区分，尤其是要与本书所讨论的 20 世纪美国特殊的生存处境所导致的犹太人相区分。作为“他者”的犹太人始终都是被印刻着意识形态偏见的，如果我们想要挖掘所谓犹太人的本来面貌的话，最有效、最直接的方法就是深入犹太文人尤其是犹太小说家的作品中，深入他们所创作的生动的文学形象当中。唯有文学作品才能展示出犹太人真实的内心世界，尤其是他们与世隔绝的孤寂和痛苦。50 年代甚至更早的时期，犹太小说在美国小说当中占据着举足轻重的地位，甚至可以说出现了一种“犹太小说占据美国小说中心位置”[①] 的奇怪现象。随着 50 年代美国的犹太文艺复兴，越来越多的早期犹太作家开始得到认可，而在同一时期，索尔·贝娄、施瓦茨和马拉默德的创作成就极为突出。犹太小说家同时受到社会文化和政治氛围、犹太民族性格以及它们独特的社会处境的巨大影响：其既与传统文化隔绝又与流行的美国文化隔绝，再加上犹太民族本身自我封闭、缺乏行动力的民族性格，导致他们在个体化的痛苦与逃避政治实践的恶性循环中陷入一种默默忍受苦难的禁欲主义中。这种态度既明显地表现在他们创作的小说人物身上，也在移民美国的犹太人当中具有一种可以探查的典型性。

由于曾经卷入过 30 年代的激进主义以及随后的左派同路人运动，犹太人在战后对共产主义踪迹的搜寻中遭受打击，对此种政治处境的反应突出体现在伯纳德·马拉默德出版于 1957 年的小说《店员》中，也体现在索勒姆·阿莱赫姆对“笨伯”（schlemiel）这一犹太民间主题的改写中。马拉默德小说里的主人公代替现实中的作者本人进行一种极度政治高压下的伦理实

① ［美］莫里斯·迪克斯坦：《伊甸园之门：六十年代的美国文化》，方晓光译，译林出版社，2007 年，第 33 页。

践，而这种实践的精髓则来自犹太民间故事中的“笨伯”形象。“他书中主人公的名字就像他的作品标题一样彼此相似，他们都发源于犹太民间传统的笨伯形象：时而可笑、时而可怕地到处碰壁的反英雄——对灾难具有奇才的普通人。当一个犹太人就意味着受难——这就是位于《店员》中心的简单道德方程式——而对苦难的唯一对策便是采取默默的禁欲主义态度，同时顽强地、即便是无望地保持体面。”① 问题是，如果可以肯定这种禁欲主义态度是由犹太教导致的，对弥赛亚降临的希望使得苦难得以忍受，那么为什么犹太教中重视行动的伦理原则却又遭忽视了呢？从 20 世纪 30 年代开始，美国的犹太教就有逐渐复兴的趋势。政府试图借助宗教的力量，尤其是通过扶植天主教、犹太教来对抗持无神论的共产主义的威胁。而到了 50 年代，知识分子转向宗教的情形愈演愈烈。也就是说，战后美国犹太教的地位是在上升的，本杰明·R. 爱泼斯坦在回忆第二次世界大战之后的二十年时说道：“在这些年中，美国犹太人取得了更大程度上的经济和政治安全，犹太社区也感受到自古代大流散以来的最广泛的社会接纳。”② 在这样的社会氛围下，犹太知识分子的政治行动能力居然如此迟滞，这势必需要我们深入犹太民族性的内部来探究其原因。

如果说 50 年代前期和中期的犹太小说展示出一副保守的故步自封的精神面貌，那么在 50 年代后期，一股新情感正在悄悄地萌发，并最终发展为 60 年代的一场轰轰烈烈的激进运动。如果说 50 年代的道德主义者无法将目光转向社会中具体的个人及其命运，那么在这种大环境之下仍旧有一些别样的声音。犹太小

---

① ［美］莫里斯·迪克斯坦：《伊甸园之门：六十年代的美国文化》，方晓光译，译林出版社，2007 年，第 52 页。

② 转引自［美］乔纳森·D. 萨纳：《美国犹太教史》，胡浩译，大象出版社，2009 年，第 277 页。

说家诺曼·梅勒对 50 年代人们的道貌岸然和道德怯懦感到愤怒，他在经历了一番纵深层次的探索之后最终找寻到了自己的观点，那就是有别于一般意义上的勇气的“孤立的人的孤立的勇气”①，具体而言就是以海明威为标志的“敢于面对死亡和暴行（包括个人自身的死亡和暴行）的力量”②。这一倡导实际上是对 50 年代宗教式解救方案的超越。50 年代充满了压抑和虚伪，所有的理想都几近破灭，这个时代的人们不敢用自己真实的声音说话，只能对组织唯命是从。在从马克思主义转向弗洛伊德精神分析的过程中，激进分子的激进性从实际的政治领域转向心理领域，这显示出社会大变革的希望已经化为泡影，人们只能在个体的私人领域中展开“反抗”。这种氛围被梅勒敏锐地捕获：“政治良方已经失效，而仅存的解救是个人和宗教的解救。”③ 在认识到这一点之后，梅勒构思了一种兼具创造和叛逆本能的精神变态式的英雄，一种尼采式的人物。在他的小说《白种黑人》中，他塑造了嬉皮士（hipster）这样一个存在主义的二流英雄的形象，他“犹如一颗炸弹在五十年代平淡无奇的表层下爆炸，这颗炸弹产生于这个年代一切被压抑的暴力和叛逆性，充满着对个人独立与体面、家庭、成熟和竞争成功所无法满足的极端经验的向往”④。因此，嬉皮士后来发展为一场反主流文化的运动是有着深刻的社会现实背景的，梅勒创造的文学形象与当时的社会状况有着相当大的关联性。对此，可以说正是矛盾且压抑的现实催生了不满和

---

① 转引自［美］莫里斯·迪克斯坦：《伊甸园之门：六十年代的美国文化》，方晓光译，译林出版社，2007 年，第 56 页。

② ［美］莫里斯·迪克斯坦：《伊甸园之门：六十年代的美国文化》，方晓光译，译林出版社，2007 年，第 57 页。

③ ［美］莫里斯·迪克斯坦：《伊甸园之门：六十年代的美国文化》，方晓光译，译林出版社，2007 年，第 57 页。

④ ［美］莫里斯·迪克斯坦：《伊甸园之门：六十年代的美国文化》，方晓光译，译林出版社，2007 年，第 57—58 页。

反抗的情绪，是打破现状的渴求催生出嬉皮士、青年反常行为等一系列现象，是对如何解决矛盾的思考催生出小说家笔下离经叛道的破坏者形象。而此后 60 年代激进思想的基础又存在于这些具有反叛色彩的小说之中。

进入 60 年代，黑色幽默小说是文学创作的一个重要阵地。其中，库特·冯古内特、约瑟夫·海勒以及菲利普·罗斯三位犹太小说家的创作有着很高的成就。菲利普·罗斯在其早期《波特诺的怨诉》的写作中依旧保留着某种与 50 年代作家的相似性，但与此同时也在积极探索一种新的题材："这种题材把性、犹太性格、成长、道德和'家庭传奇'等内容融为一体。"① 即他的小说在创新之中依旧保有与犹太身份的关联，依旧在探讨犹太性格在一个新的文化环境中所激发的种种问题。在其后的创作中，一种属于六十年代的特征已经表现了出来，他所创作的文学形象通过暴力的极端行动来寻求对悲观现实的突破，这种面对现实处境的反应方式已经有异于此前的"笨伯"形象。而冯古内特和海勒的黑色幽默小说代表着此类型作品的较高成就，他们不再局限于 50 年代小说所沉浸的个人世界，而是将焦点转移至更广阔的历史维度，并且在情节和小说结构上力求一种高度的形式化，使其兼具艺术性与历史性的价值。从文学形象的选择上来看，冯古内特《黑夜母亲》中的主人公是一个道德十分暧昧的双重间谍，他在《五号屠场》中又对盟军的一次军事行动的道德性展开了探讨，这种对道德的深刻思考和质疑与犹太人对道德问题本身的关注有着某种程度的对应性。海勒的《第二十二条军规》同样探讨了道德问题，小说主人公尤索林的伦理观是"利益至上"，然而这种伦理观的形成基于外部力量的强大以及主人公对公共世界深

① ［美］莫里斯·迪克斯坦：《伊甸园之门：六十年代的美国文化》，方晓光译，译林出版社，2007 年，第 108 页。

深的怀疑。在此，冯古内特和海勒都表现出对复杂且无力改变的大环境下的个体的关注："他们赞叹那种在笨重的历史力量内部活动和嬉戏的滑稽可笑而变幻莫测的个人因素。"[①] 这种对个体的关注与 50 年代犹太小说乐于塑造"笨伯"形象有着内在的一致性。犹太小说中的人物形象在这一时期甚至对非犹太血统的黑色幽默小说家产生了影响，具体表现为像品钦这样的小说家也改写了犹太小说中的"笨伯"人物（本尼·普罗弗恩）。在此，多位犹太小说家在小说界的巨大成就在令人惊叹的同时也向我们提出了一个问题，那就是这种对个体伦理的关注是否同犹太文化本身具有一脉相承的联系？可以肯定的是，犹太文化独特的伦理观势必会对犹太小说家的道德倾向和道德探索产生可见的深远影响。

第三节　犹太教与犹太文化

一、犹太教与基督教的渊源关系

犹太教是当今世界已知最为古老的宗教，也是世界三大一神论宗教之一。早在公元前犹太教就已诞生，它的信奉者主要是说希伯来语的犹太民族。基督教则是犹太教在 1 世纪的一个新的宗派，它声称上帝已经放弃了犹太人而与基督徒另立新约。尽管如此，基督教还是全部继承了犹太教的经典，也就是《圣经》当中《旧约》的部分。此外，在戒律方面，两种宗教都遵从《摩西十诫》，提倡诸如爱人、诚实、公正等基本规范。因此，可以说犹

① ［美］莫里斯·迪克斯坦：《伊甸园之门：六十年代的美国文化》，方晓光译，译林出版社，2007 年，第 114 页。

太教和基督教这两大宗教有着很深的渊源关系。而在基督教脱胎犹太教的形成过程中，希腊哲学思想扮演了重要角色。两千多年前，受希腊文化影响的犹太人将希腊思想与犹太教思想融合，最终形成了希腊化的犹太教思想。因此，可以说基督教是以犹太教为底本，结合希腊文明的果实而形成乃至发展壮大起来的。在经历了一番改造过后，基督教思想与旧有的犹太教思想相比，因把犹太民族的上帝发展为全世界的上帝，并且强调“所有人之间的兄弟关系”①，而具有了突破民族界限的更大的普适性，这为它之后在罗马帝国当中的广泛传播铺平了道路。对此，恩格斯在《论早期基督教的历史》中这样总结道：“……它（指《新约》）以纯净的形式告诉我们，犹太教——在亚历山大学派的强烈影响下——把什么带进了基督教。所有后来的东西，都是西方、希腊、罗马附加进去的。只是通过一神论的犹太宗教的媒介作用……找到了这样一种媒介以后，它也只有在希腊、罗马世界里，借助于希腊、罗马世界所达到的思想成果而继续发展并且与之融合，才能成为世界宗教。”②

尽管犹太教与基督教具有这样的渊源，并且最早的基督教徒是犹太人，犹太教与基督教却是水火难容。问题还是出在犹太教中“犹太人是上帝选民”的观念上，这一观念将犹太人与犹太教彻底关联起来。与之相对，非犹太人就不是被上帝选中的人。对于犹太教而言，其宗教的本质“以以色列人的存在为前提”③，即这里涉及一个有关以色列人的“挑选”（election）的观念。正是由于坚定地认为自身是被上帝挑选的人，犹太民族才具有了特

---

① 陕劲松：《基督教与犹太教的渊源关系》，《沧桑》，2006年第1期。

② ［德］马克思、恩格斯：《马克思恩格斯选集》（第22卷），人民出版社，1960年，第552页。

③ ［德］利奥·拜克：《犹太教的本质》，傅永军、于健译，山东大学出版社，2002年，第50页。

殊的地位，以至于与世界其他民族有所区别。这种观念所蕴含的更深刻的内容是："它宣布了证据确凿的差异性（difference）、价值厚重的独特性以及与其他民族的疏离是有深厚基础的。"[①] 无论后来基督教世界对犹太人的排斥有什么样的原因，这种疏离最初无疑是由这种非常极端化的观念造成的。然而正是这种自信心使得犹太人自觉肩负着对世界的特殊责任，并由此生发出强烈的使命感。

那么，在此种重要差异之外，犹太教与基督教在整体的宗教特色上的差异是什么呢？可以说，从根本上而言，基督教强调来世，而犹太教最为本质的特征是重视现世生活。因此，从根本上来看犹太教是一种具有现世伦理色彩的宗教："犹太教最根本的特征就是重视现实生活实践，强调的是民族的解放和人类理想的社会秩序，是民族主义和大同主义的统一，本质上是世俗的、现世的；而基督教的核心是个人灵魂的得救，也就是通过耶稣殉难的悲壮行为和个人在生活中行上帝的道而达到灵魂升天的目的。"[②] 即对于现世生活遭到的不公和压迫，基督教提倡用对一切人的"爱"来化解，它教导人要情愿受欺、情愿吃亏。这种在今人看来极为软弱的处世态度因为有了"爱"的名义而具备了一种高尚感。然而这一切的忍耐从根本上说是着眼于来世的，是为个人死后的灵魂升天而做的准备，因此其现世的伦理色彩并不强烈。犹太教则并不提倡对所有人都持有这种爱的态度，它认为对待仇敌是需要仇恨的。并且在犹太教中，践行上帝的律法至关重要，因为上帝的仁慈唯有在遵循律法的前提下才能实现："犹太教拒绝任何神秘的东西而遵行那具有强烈伦理色彩的戒律

---

① ［德］利奥·拜克：《犹太教的本质》，傅永军、于健译，山东大学出版社，2002 年，第 50 页。

② 陕劲松：《基督教与犹太教的渊源关系》，《沧桑》，2006 年第 1 期。

(commandments)，它躬行践履，不期望一劳永逸地界定信仰的全部领域。”① 如果违背律法就要遭到严酷的惩罚。因此，犹太教具有强烈的实践理性色彩。对于这种重现世伦理的宗教，著名学者利奥·拜克对其本质的见解极为精辟：“无论人们如何评价犹太教，有一点是大家的共识，即犹太教是一种让伦理特征在宗教特征中凸现的一神论宗教。犹太教始终强调道德戒律的重要性。正因为如此，人们可以这样说：由于它的伦理本性，也由于它用道德意识诠释唯一神（上帝，the One God），犹太教必然是一种伦理一神教。”②

那么，犹太教伦理有什么独特之处呢？就犹太教的基本观念来看，它是一种“伦理乐观主义”宗教。但是，这种“乐观”绝非那种对现存的世界是所有可能情形中最美好呈现的那种盲目而浅薄的乐观，那种乐观全然无视世间的丑陋与邪恶，因此不具备激发有价值的伦理感的任何可能性。犹太教的这种乐观是以承认现世生活的悲惨与痛苦为基础的，它扎根在现实的泥淖之中，对那些被世俗权势伤害的人以及从世间的不堪和邪恶中挣脱出来的人的感情有着异常深刻和敏锐的洞察。它深深地领悟到尘世生活的悲苦，对此充满了蔑视，而这种蔑视恰恰激发出伦理的善：“一种有理想的乐观主义对事实的看法取悲观主义态度。没有鄙视的力量就没有持久的善，没有蔑视人的能力就没有真正的人的爱。犹太教乐观主义的唯一特质是蔑视这个世界中普遍存在的邪恶，不屈从于对这个世界的冷漠或顺从。”③ 在此，犹太教在最

---

① ［德］利奥·拜克：《犹太教的本质》，傅永军、于健译，山东大学出版社，2002年，第10页。

② ［德］利奥·拜克：《犹太教的本质》，傅永军、于健译，山东大学出版社，2002年，第8页。

③ ［德］利奥·拜克：《犹太教的本质》，傅永军、于健译，山东大学出版社，2002年，第73页。

为关键之处并未像基督教和佛教那样走向对来世的希冀，而是面对现实，力图就在这个尘世之中，就在现实的生活中寻求希望的道路，这其中既充满着强烈的悲剧感，又表现出对道德意志的高度肯定："不是遁世的旁观者的自我满足，而是那确信上帝、为塑造人和刷新世界而从事创造活动的人的伦理意志——这便是犹太教乐观主义。"①

二、犹太教中的哲学观点

传统犹太教的哲学观点较为零散和朴素，后世犹太学者和哲学家对之进行了理论化的阐述。尽管如此，犹太先知作为卓越的宗教人物，其思想依旧是了解犹太哲学的一扇窗口。如果说祭司与君王分别是宗教和政治的领袖，那么来自民间的先知则被认为是神和民众的代言人，正是先知引领着犹太教前进的方向。犹太先知被认为天然地具有在上帝和民众之间进行沟通的能力，而这种沟通不是通过思辨和推论来进行的，上帝的启示直接向他们的心灵显现。也就是说，先知们的观点和知识源自直观和实践，"一切深思熟虑的东西以及反思的产物都与他们不相干"②。从现代哲学的角度来看，这种形成知识的方式很难称得上是哲学，因为其既不去深究经验何以形成的问题，也不研究思想的东西，甚至不用理性提出问题并展开推论。正是基于这一情形，有学者提出犹太思想不是神学，也不是哲学，只是一种强烈的伦理追求，而这一伦理倾向自有它的长处，那便是"不仅阻止了通向思辨超

① ［德］利奥·拜克：《犹太教的本质》，傅永军、于健译，山东大学出版社，2002 年，第 74 页。

② ［德］利奥·拜克：《犹太教的本质》，傅永军、于健译，山东大学出版社，2002 年，第 9 页。

越性之路，而且也预防了思想体系及概念僵化的危险”[①]。但是，如果从“哲学自宗教中孕育而生”这个角度来看的话，可以说启蒙运动之前的犹太哲学思想包含在它的宗教思想当中，而在康德之后，由于学院哲学的兴盛，犹太教哲学具有了更为清晰的发展轨迹。

除了不注重思辨，犹太哲学与后来的希腊哲学思想仍有重要差异。这种差异突出表现为它与希腊哲学在思考问题时截然相反的方向。而这一差异也是由先知们决定的：“以色列的思想以人为中心，所有的以色列思想家都接受了这个首先由先知们圈定的中心论题。”[②] 尽管两种思想都重视人，但希腊哲学是从思考自然出发来思考人，它最终的着眼点还是认识自然，于是其思想自诞生以来就始终无法摆脱二元论，人与自然在根本上是分离的，是主体与客体的关系；而犹太思想则是从以人为出发点来设想人和自然的关系的，认为自然中也有人的印记，自然与人本是一体的，“可以说，犹太精神独具的魅力就在于，它以人为关注中心，说明了每个事物在人的心灵中有其起源，世界是上帝的世界，上帝是人的上帝这一神圣真理”[③]。可见，犹太哲学观巧妙地摆脱了困扰西方哲学两千年的二元论，它是彻彻底底的一元论。如果联系西方哲学史，我们就会发现早期犹太思想中的这一点与后来德国的主体性哲学有多么大的相似，尤其是与黑格尔哲学中的“绝对精神”这一观念有着强烈的一致性，黑格尔就是用绝对精神的一元性来克服过往认识论主、客体间的鸿沟无法弥合的问题

① ［德］利奥·拜克：《犹太教的本质》，傅永军、于健译，山东大学出版社，2002年，第11页。

② ［德］利奥·拜克：《犹太教的本质》，傅永军、于健译，山东大学出版社，2002年，第30页。

③ ［德］利奥·拜克：《犹太教的本质》，傅永军、于健译，山东大学出版社，2002年，第12页。

的。对此，哈贝马斯明确指出了二者之间的关系："犹太文化传统的某些倾向与其根源常被认为是清教的虔敬主义的德国唯心主义之间有明显的相似。"①

与此同时，犹太哲学对人的问题的关注使得它与启蒙哲学的伦理观有着某种相似性，认为在人与神的关系中，"人应该伦理地把自己升华到神灵的境界"②，而这又是一项无始无终的奋斗过程。但值得注意的是，在这一关系中，重要的是人而不是神，即神也是为人而存在的。正是这种以人为中心的人神关系赋予了人在伦理方面无限的创造力，人被赋予力量以至于能够超越"存在的限制"。这一观念与所处时代的混乱、丑陋以及犹太民族的困窘处境，形成了强烈的反差。深究起来，它与德国启蒙时期康德的伦理观念有着某种莫名的一致，因为它的终极旨归在于让人通过一种伦理的生活得到现世的自由："人的生命偶然属于自己，但却被赐予力量使之圣洁，也就是与单纯世俗的及人性的东西区别开来。就自由而言，生命的自由产生于生命自身之上。甚至像上帝一样，人为自己的生命制定法规……由于自尊，我们明确了我们的位置，我们在伦理世界中拥有自由的位置，由此，我们走向责任的世界。"③ 这样一种对伦理的创造性所抱有的乐观积极的态度使得不少犹太教思想家对康德哲学有着浓厚的兴趣。自犹太人从"隔都"解脱出来之时就有人开始追随康德思想，马库斯·赫尔茨、所罗门·麦蒙以及斯泰因海姆医生都是康德早期的追随者。即使到了今天，也有阿伦特这样的天才哲学家继续从康

① 转引自［美］马丁·杰伊：《法兰克福学派史》，单世联译，广东人民出版社，1998 年，第 43 页。

② ［德］利奥·拜克：《犹太教的本质》，傅永军、于健译，山东大学出版社，2002 年，第 138 页。

③ ［德］利奥·拜克：《犹太教的本质》，傅永军、于健译，山东大学出版社，2002 年，第 138 页。

德思想中汲取丰厚的营养。

如果说早期犹太教当中的某些观念客观上能够帮助黑格尔解决主客体分裂的问题，那么与黑格尔同时的犹太智者纳赫曼·科罗赫马尔则体现出与德国唯心主义相似的观念。但是，令人惊奇的是“他只在晚年才读到黑格尔的著作”①。在以下几个观点上，科罗赫马与黑格尔惊人的一致：把一个社会凝聚起来的根本是精神力量，即民族精神；民族理想体现出该民族最终的兴趣之所在，无论这种兴趣是商业、法律、政治还是别的什么；任何民族的存在都是有规律、有时限的。② 但不同之处在于，科罗赫马认为以色列民族是不一样的，它可以跳出这一普遍规律，“它们被神圣地奉献给了‘绝对的永恒精神’，因此，他们是一个永恒的民族”③。对此，他还运用犹太民族的历史进行了一番演绎，借以证明此观点的合理性。如果说科罗赫马尔是在犹太遗产自身的观念与逻辑中发展出了与黑格尔相似的观念，那么，两位德国的拉比——奥芬巴赫的所罗门·福姆斯泰赫尔以及比他稍年轻的塞缪尔·希尔施——则是“有意识地将犹太教思想与理想主义哲学相结合”④。这番结合对前者来说是为了在一种新的分类条件下，即在犹太教与异教的对立中凸显犹太教纯洁的道德性的基调；对后者来说则是为了挑战黑格尔对基督教绝对地位的观念，毕竟“绝对精神”的观念吸收了犹太教的因素。

---

① ［美］伯纳德·J. 巴姆伯格：《犹太文明史话》，肖宪译，商务印书馆，2013年，第320页。

② 参见［美］伯纳德·J. 巴姆伯格：《犹太文明史话》，肖宪译，商务印书馆，2013年，第321页。

③ ［美］伯纳德·J. 巴姆伯格：《犹太文明史话》，肖宪译，商务印书馆，2013年，第321页。

④ ［美］伯纳德·J. 巴姆伯格：《犹太文明史话》，肖宪译，商务印书馆，2013年，第322页。

三、弥赛亚与复活观念

弥赛亚是犹太教的宗教术语，与希腊语中的“基督”（christos）同义，意思是“受膏者”。受膏是一种仪式，先知将圣膏油涂在候选者的头上，以此表明该人是上帝选中的人，将能成为君主或是祭祀。犹太灭国后，犹太教相信未来上帝会派遣一位“弥赛亚”来拯救犹太人，实现犹太国的复兴。于是，弥赛亚一词在犹太人中就成了“复国救主”的专有名词：“复国救主弥赛亚是为了带来灵魂得救而受到用神主的敷圣油圣事祝圣的人。对犹太教教士来说，他是《圣经》和世上万物的开始和终结，是整个人类的历史走向它的终点。《托拉》、先知，尤其是以色列历史，都根据复国救主弥赛亚的统治解释。”① 而有的时候，这个词并不是指某个具体的人，而是指称一个未来的“弥赛亚时代”：在这个时代中罪恶将得到审判，犹太人的苦难也将得到拯救，以色列国将恢复往昔大卫统治时的辉煌盛世。基督教中也有弥赛亚，但已没有了复国救主的意思，它变为专指救世主耶稣，耶稣就是弥赛亚。对此，犹太教徒坚决否认，他们仍旧在期待尚未到来的弥赛亚。长久以来，犹太人一直处在颠沛流离的漂泊状态，因此他们祷告并期待弥赛亚的降临。对犹太教信仰者来说，“犹太教的礼拜仪式只不过是个长期的召唤，以使复国救主弥赛亚的统治突然降临，以使救赎者健旺”②。

“弥赛亚”一词本身的多义性表明它的意义是在历史中逐渐形成的。犹太民族现实的命运推动了该词词义的变化：“‘弥赛亚’的意义并不是一以贯之的，而是经历了不断的发展，并最终

① ［法］安德烈·舒拉基：《犹太教史》，吴模信译，商务印书馆，2001 年，第 113 页。

② ［法］安德烈·舒拉基：《犹太教史》，吴模信译，商务印书馆，2001 年，第 114 页。

随着同末世观和拯救观的结合，而衍生出‘救世主’的意义。”①在它还是“受膏者”“被拣选者”含义的时代里，弥赛亚并没有“救世主”的意思。“救世主”含义最早可追溯到公元前6世纪犹太人亡国后重返耶路撒冷的第二圣殿时期，这一阶段的犹太人饱受外族的压迫，他们“迫切地希望雅赫威上帝为他们拣选一位以色列王族的后裔，充当全体犹太人的弥赛亚，并带领他们驱逐残暴的外族统治者，使人民得以重享大卫所罗门王朝时期的太平生活”②。因此，这种弥赛亚观念的诉求首先是现世的，它所表达的是对结束现实苦难的极度渴求。后来，犹太人建立的第二圣殿被罗马帝国摧毁，犹太人被驱逐出耶路撒冷和巴勒斯坦，迎来了比之前更加残酷的命运。在这种情形下，他们对弥赛亚的渴求又增加了，于是“弥赛亚”一词终于开始用来特指一位未来的救世主。直到此时，“弥赛亚”一词的现实意义都是占据主导的。只是到了中世纪以后，它才进一步具备了强烈的宗教色彩。中世纪时期有不少作家描述弥赛亚，其中较有影响力的是西班牙的迈蒙尼德，他对弥赛亚进行了全面论述，提出了许多具体的看法。但是，即便有很大的影响力，在他之后的弥赛亚观念并没有彻底定型，而是持续不断地发展，并且在近现代改革派那里表现得更为世俗化，即“更为强调现世的生活和福利，而且反对犹太人对弥赛亚个人的过度崇拜”③。这意味着弥赛亚观念在过渡到宗教概念之后又逐渐走向了分化。根据这样曲折的发展历程，可以确定的是，弥赛亚观念有着现实的土壤，它自始至终都在满足着犹太民族现实的政治诉求和精神诉求。

与弥赛亚观念密切相关的是犹太教中有关复活的观念。对弥

① 师俊华、徐弢：《犹太文化概览》，武汉大学出版社，2016年，第94页。

② 师俊华、徐弢：《犹太文化概览》，武汉大学出版社，2016年，第94页。

③ 师俊华、徐弢：《犹太文化概览》，武汉大学出版社，2016年，第95页。

赛亚终将到来的信念因赋予苦难以意义，而生发出一股源源不断的动力："大流散的无依无靠状态具有某种意义。种种痛苦显得并非毫无裨益；忠心耿耿并非荒谬可笑。就对复国救主弥赛亚抱有的具体的、物质的希望而言，整个以色列都已安排妥当。"[①] 由于未来已经在启示中呈现，犹太教徒便有勇气背负世间的一切苦难。具体而言，这样一种乐观主义态度是伴随着弥赛亚观念的逐步发展而形成的，犹太智者和哲学家开始逐步完善这一观念统摄下个人如何"得救"的问题。弥赛亚何时降临是不确定的，而活着的人又很可能等不到弥赛亚的降临就已经死去，这就使"复活"成为个人得救与未来的弥赛亚降临这一逻辑链条必不可少的一部分。有关复活的思想曾长久占据着犹太信仰的中心位置，而随着启蒙运动的深入发展，犹太学者们开始质疑复活的观念，"越来越多的犹太人开始把来世的希望寄托于灵魂的不朽，而非死人的复活"[②]。到了 20 世纪，犹太人中的改革派和保守派各持己见，前者注重精神的不朽而非肉体的复活。在此，对比基督教的观点就可以发现，由于基督教认为耶稣就是弥赛亚，弥赛亚已然降临，因此基督教就没有那么看重复活的观念。

如果说上述内容解释了弥赛亚以及复活观念得以生成的现实政治原因，那么将善看作最高的实在，且具有终将被实现的必然性这一犹太教观点则是弥赛亚以及未来观念形成的宗教根源。犹太教观念认为，在现实的生存状况与未来图景之间有着一种既定现实及其超越之间的紧张关系。这一紧张关系的消弭需要依靠个体的人的行动，人要通过在确信中积极地履行神的戒律来创造那个预言中的结局和未来。神的戒律是人的行动的指引。但是人的

---

① ［法］安德烈·舒拉基：《犹太教史》，吴模信译，商务印书馆，2001 年，第 113 页。

② 师俊华、徐弢：《犹太文化概览》，武汉大学出版社，2016 年，第 97 页。

行动并没有彻底完成的那一天，人的行动与其渴盼之间的紧张关系实际上是永恒存在着的，因为人所遵循的戒律之意义无法被终结。犹太教的戒律与人的现世行动之间始终有一道巨大的鸿沟，它在需要人去完成的同时又离弃人，人永远无法使其行动达至完满。这便使犹太式虔敬充满了深刻的悲剧性："这种紧张带着自身全部的悲剧性，存在于亲近与遥远之间，存在于从每个人的生命旅程开始的亲近与超越每个人生命的终极目标的遥远之间，存在于对每一个体的要求与个体力所不能及的完美之间。"① 在此，我们可以看到，如果善终将被实现是确定的，那么就自然会牵引出一个未来的观念以及人的行动的观念，也就是说这几个观念之间有着内在的逻辑关系。对于人的行动的重视可以从犹太教对最高实在的认识当中推导出来。

① ［德］利奥·拜克：《犹太教的本质》，傅永军、于健译，山东大学出版社，2002年，第197页。

第二章　丹尼尔·贝尔的未来宗教与审美内在性

自启蒙运动开启现代性进程以来，伴随科学主义和物质文明的发展，一种新的危机和隐忧始终潜藏在历史的暗流之中。对理性主义的推崇加速了上帝的衰落，人类的一切梦想和追求都系于自身，道德规范和价值判断再无超验世界可追溯，新的精神危机似乎成为现代人无法摆脱的困境。这股潜流最初在尼采对虚无主义时代情绪的感受中得到较为系统的表达，进而慢慢构型于其非理性哲学。自此，各种对现代理性主义宰制世界的批判思潮便没有间断过，不管是反现代主义、前现代主义还是后现代主义，都试图去构筑一个可以抵御现代性深刻缺陷的形而上学理论体系，给出现代性问题的解决方案。

20 世纪五六十年代，一批被称作“纽约文人集群”[①] 的精英知识分子群体占据了美国文化界的核心位置，他们或是开展文学创作和文学评论，或是进行文化批评，对当时社会产生的种种文化现象和精神危机著书立说。其中，思想家、社会学家和文化批评家丹尼尔·贝尔从文化社会领域出发，通过诉诸传统宗教资源和提倡以艺术形式为载体，提出一种走向后工业时代的宗教复

① “纽约文人集群”（the New York Intellectuals）成员多为犹太移民知识分子，早年几乎都是共产主义和社会主义的拥护者，后来随着政治文化氛围的变化纷纷转向了保守主义。

兴，作为资本主义文化危机的解救之道。贝尔曾高度赞赏马尔库塞所提倡的那种艺术“语言”，这种“语言”能够向人们传达真理，并且这真理比通过普通认识模式所获得的更为高级，在此，艺术和审美趣味的阶级区分达到了一个新的顶峰。贝尔的理论在当时一经提出，便惹来众多非议和责难，“反动逆潮”“保守主义”等标签纷至沓来。诚然，贝尔的“未来宗教”有其理论漏洞且过分乐观，并因囿于现代社会学视野而显得粗疏，但放到当下的社会文化语境中来看，反思理论、观照现实，它仍然具有启示思考和批判、超越的价值。

第一节 “文化保守主义”与“纽约文人集群”

一、“文化保守主义”及其知识谱系

贝尔后工业时代的宗教与艺术理论发轫于所谓新“文化保守主义”（Cultural Conservatism）思想潮流的脉络之中，这一思潮自第二次世界大战后在美国知识界滥觞并产生重大影响。理解贝尔的“未来宗教”，绕不开对其产生母体和历史文化语境的分析探讨。战后所谓新保守主义的抬头，有其深刻的哲学、文艺和政治渊源，必须置于思想史和文化思潮的大坐标系中，才有利于清楚地审视。

苏格拉底开启理性至上的精神驱动力统治并主导西方文化近两千年，直至启蒙运动，理性终于获得了可以替代神的唯一至上权威，启蒙现代性被开启。黑格尔论述所谓“苦恼意识”[①]（Agony Consciousness），意在昭示人必须获得神圣力量和至高

① 语出黑格尔：《精神现象学》，贺麟、王玖兴译，商务印书馆，1978 年。

地位，现代人最深刻的本质是超越自身、无限发展的精神，这种精神在“第一位现代人”浮士德身上得到了淋漓尽致的展现。人的理性首次超越对上帝的信仰，人与自然相分离。在世俗化的过程中，人们将注意力转向了自我和自我的生活，成为孤独的个体，价值没有了超验的本体论支持，全依赖于人的自我意识，虚无主义孕育其间。尼采最先感受并表达了这种虚无主义情绪，他以审美为旗帜，发思古之幽情，寻求对前现代的回归和一种美学性的救赎。这种审美的现代性突出非理性力量——本能、意志是它的核心精神，同启蒙现代性构成紧张的对立关系。尼采提倡意志与审美的融合，提倡知识自迷醉中导出，进而证明生活的意义。这是面对现代性断裂时，对一种更加原始的回归的诉求。随着黑格尔历史哲学体系的崩溃，尼采通过否定性要素来打破历史线性进步的幻想，试图重启人性的发展，这是一种更为激进的历史意识，也是德国浪漫派和保守主义精神构型的源泉。启蒙现代性被彻底抛弃，美学从理性中分离出来，宣布了审美主义的奠基性胜利。

源自审美现代性和保守主义思潮的浪漫主义运动根植于文学和艺术，开启对现代理性的反思和批判，认为何以构成知识基础的问题应该得到修正。比如，德国浪漫派醉心于宗教和民间信仰，借助感情、直觉和感性这种原始的同一性来弥合现代性带来的分裂。在萨弗兰斯基看来，这是一种“借助审美手段对宗教的延续”①，尼采的“未来之神”——酒神，似乎是这种回归和延续的“代言人”，这与后来贝尔借助宗教重塑现代美学的做法形成了两个相似的平行时空。总之，现代性是一种由历史性时间观念带来的病，只有借助“非历史”或“超历史”的力量（宗教或

① ［德］吕迪格尔·萨弗兰斯基：《荣耀与丑闻——反思德国浪漫主义》，卫茂平译，上海人民出版社，2014 年，第 66 页。

艺术）才可能得以治愈，并赋予存在以永恒的性质。现代性还开启了一种否定的传统，包括否定它自身，对于“新”的观念和时间意识叫嚣着要挣脱一切历史的束缚。不仅哲学和科学领域要不断求新，文艺领域同样如此，著名的“古今之争”[①] 最早开启肯定现代美学之于古代的优越性的观念，古典美学和伦理学式微。到了现代主义文艺思潮，波德莱尔和马奈等人提倡短暂、流变、即时性的体验，一种“新的美学”产生，追新逐异成为现代主义的核心原则。这股文艺冲动一直持续到“先锋派”，他们几乎完美地继承了这种颠覆规范的力量和激进的历史意识。后来的毕加索、杜尚、康定斯基、普鲁斯特，以及抽象主义、立体主义和超现实主义等各种文艺流派，对世界的感知方式和表达形式都在不断更新。然而，现代性冲动还是无可避免地走向了亏空和损耗，曾经的反叛激流和震惊效果正在逐渐式微，审美在解构理性之后开始解构其自身，甚至与商品经济合流，成为享乐主义的温床。

文化保守主义思潮便发端于此种哲学和文艺思潮的大背景之下，20 世纪 50 年代的美国，特别是历经第二次世界大战，工具理性（可怕的战争机器）和非理性激进意识（法西斯的疯狂政治意识）思潮双重退却，迷狂过后凄冷的清醒降临，焦虑却不减反增。在政治上，美苏冷战的意识形态逐渐形成，大约在同一时段，通常被认为是新保守主义哲学领袖的列奥·施特劳斯同汉斯·约纳斯等人一起，倡导回归前现代的古典政治哲学。

二、“纽约文人集群”及其犹太性

同一时期，一批自由派学者占领了美国文化和新闻界的主要

① 17 世纪法国文艺界产生的“古今之争”，崇古派与厚今派针对美学原则和趣味相互论争。厚今派展现出鲜明的现代时间意识，通过趣味、知识进步论为现代做辩护，肯定今人在时代序列上的优先性；崇古派借用笛卡尔的理性主义为古代文学辩护，但始终处于争论的下风。

阵地，并形成广泛且持久的影响，这便是后来被称为代表了那一时期美国文化思想主流的“纽约文人集群”。深入爬梳这个群体的形成和发展可以发现，同贝尔一样，他们之中绝大部分出生于流亡的欧洲犹太移民家庭，居住在繁华的纽约曼哈顿的边缘社区，深刻感受过贫富差距，却在贫穷和匮乏中保留着才智和骄傲。成长于 20 世纪三四十年代的他们，早年间大多深刻地参与了左翼“未来主义”激进运动，并在后来的冷战和麦卡锡主义中遭受挫折和打压。然而，彼时的纽约犹太文人已经形成了团队作战的风格，并且有意识地建立起自己的战斗堡垒。

《党派评论》（*Partisan Review*）创刊于 20 世纪 30 年代，是美国左翼文学刊物中的佼佼者，也是纽约犹太文人的第一个集中的文化批评阵地。除了掌握舆论阵地，他们中的大部分学者还在知名高等学府如哥伦比亚大学担任教职，因而从新闻和教育两个重要领域对美国思想界持续产生刺激和影响。经历了从 20 世纪 30 年代到 50 年代的“向中心移动”，纽约文人集群逐渐从一开始的左翼边缘群体慢慢过渡到了文化的中心地带，在文化和政治上也经历了一个由反叛到顺应的过程。当然，这种思想地位上的改变与他们自身所采取的文化立场和政治态度有着深刻的联系。

纽约文人集群的文化批判主要落脚在文学艺术的想象领域，即便是探讨文艺与现实的辩证关系，也是以文艺作品的审美趣味和意义价值为最终指向。这一思想路径很大程度上保护了他们不与任何现行的政治势力牵扯上太多关系，但也将他们封闭在了一个脱离现实的、无形的“玻璃房”之内。秉持此种学术态度，他们在文艺上自然选择了区别于资本主义流行的大众文化和无产阶级工人文化的传统精英文化。做出这样的文化选择，与他们的犹太人身份和民族性有着幽微复杂的关联。莫里斯·迪克斯坦（Morris Dickstein）在回顾美国充满危机与活力的 20 世纪 60 年代时就曾一语道破，犹太人是最典型的“现代人”，他们中的知识分子大多迷恋宗教或政治的虚假传统作为济世良方。[①] 迪克斯坦做出这种论断的原因在于，流亡漂泊的犹太人与主流的欧美现实社会和精神文化产生了双重的断裂，这种无家可归感使他们成为主流资本主义世界的局外人，他们的异化和孤独焦虑就像现代人的一个寓言。而与此同时，根植于犹太宗教文化的传统意识又使他们严肃、深沉且肩负使命感，形成一种带有宗教色彩的“受难一忍耐”型救赎心理。在这种文化性格的催化之下，作为知识分子的犹太文人便将拯救现代性精神危机的职责背负在自己略显脆弱的肩膀上。因此，他们曾深刻地卷入20世纪三四十年代的左派激进运动中，却在现实政治斗争中屡屡遭受挫折。50年代又被称为犹太美国文艺复兴时期，冷战格局的形成和资本主义的封闭发展，使得纽约文人集群在政治立场和批判理论上都发生了深刻变化，经过一个时期复杂曲折的思想调整，他们逐渐走向了其核心人物莱昂内尔·特里林（Lionel Trilling）所期望的那种将现代主义、自由主义和马克思主义熔于一炉的综合性文化批评。但无论是集群本身还是《党派评论》等刊物，都声称他们是绝对独立、不依附于任何政治势力的，也不会直接参与当下的许多政治纷争，大有将文艺领域划归为独立王国的意思。此种政治态度使得纽约文人逐渐将现代主义和先锋派艺术作为效仿的典范，形成明显的高雅文化和庸俗文化的审美趣味分别，“特别是，托洛茨基从启蒙文化背景上所生发出来的对现代主义文学的赞赏，醍醐灌顶般令纽约文人彻悟”[②]。进入经典文艺殿堂的现代主义文学艺术强调传统价值和精致形式，为纽约文人的文化批判

① ［美］莫里斯·迪克斯坦：《伊甸园之门：六十年代的美国文化》，方晓光译，新星出版社，2019年，第62页。

② 王予霞：《“纽约文人集群”的马克思主义批评》，《马克思主义与现实》，2016年第4期，第162页。

提供了一种无可比拟的优越的道德主义色彩，深刻满足了他们沉重的道德意识，以及想象出来的遗世独立的自由学术姿态。自此，纽约犹太文人与他们早年间所抱持的左翼行动立场和马克思主义批评方法做出了某种程度上的告别。

这种变化在丹尼尔·贝尔身上得到了最集中的体现，贝尔的资本主义文化矛盾系列理论开始初显雏形。作为东欧犹太移民的贝尔，原姓布罗茨基（Bolotsky，其叔父后来将家姓改为 Bell），父亲在他出生后不久便去世，母亲一人养育他和哥哥，家境贫困，加之社会上的排犹主义倾向，艰难的处境使他一直关注公平与正义。贝尔青年时代求学于纽约城市大学和哥伦比亚大学，特殊的身份使得他天然对马克思主义产生了好感，还曾上街宣传革命思想。毕业后，贝尔曾做过杂志（《命运》《公众利益》《党派评论》等）编辑，对社会流行的文化趣味和动向十分了解，还同“纽约文人集群”过从甚密。然而，贝尔却并未简单地从众站队，他既不赞同政治上疯狂的麦卡锡主义，也反对传统无产阶级革命的暴力性，这使得他对极左和极右都保持警惕，形成了自己的“第三条路”，用他自己的话说，他是“经济学中的社会主义者，政治领域中的自由主义者，文化领域中的保守主义者”。

> 我是文化领域的保守主义者是因为我尊重传统；我相信对艺术作品质量好坏的合理判断；而且我认为在判断经验、艺术和教育的价值时，权威原则是必要的。……对我来说，文化是想对生存困境提供一系列内在一致的应对的努力，所有人在他们的生活过程中，都会面对这些困境。[①]

当贝尔在《资本主义文化矛盾》一书的序言中直言不讳地表

① ［美］丹尼尔·贝尔：《资本主义文化矛盾》，严蓓雯译，江苏人民出版社，2012 年，第 5 页。

明自己的“文化保守主义者”身份之时，我们不难理解，他对资本主义文化和社会的分析及批判最终将会走向一种连接理性时代、回归传统的宿命。迪克斯坦认为 20 世纪 50 年代美国的主要特点之一便是其道德主义，进一步说，面对战后的资本主义社会，政治良方似乎已经失效，仅存的解救是个人和宗教的解救，亦即，用宗教代替了马克思主义。[①] 然而，身处所谓后工业时代的现实语境，这种连接和回归既有某种程度的合理性及真切的人文关怀，却又不可避免地染上一抹带有无力感的乌托邦色彩。

三、莱昂内尔·特里林与“道德现实主义”

如前所述，20 世纪 50 年代的美国是一个保有深刻道德主义和传统价值色彩的国度。无论在现实政治还是文化思潮上，许多具体的问题或抽象的思考最终都将走向道德主义的审视。正如迪克斯坦在《伊甸园之门》中所提到的那样，50 年代的政治和文学是一体两面的。而在所有文学体裁中，小说则最全面且深刻地反映了政治现实和文化风向，因而道德主义成为批评家们检视和评价小说的一个重要准绳，纽约文人集群的核心人物莱昂内尔·特里林便是这种道德主义批评的重要代表。

同样是东欧犹太移民子弟，特里林的家庭虽然尚属中产，却也在 20 世纪三四十年代的大萧条和战乱中面临经济困境。据莱昂内尔·特里林的妻子戴安娜·特里林回忆，当时在美国的犹太知识分子中流行着一种观念，这种观念正如我们对犹太人刻板印象中所认为的那样，“犹太人来到一个充满敌意的世界，他们的武器是显著高人一等的智力能力”[②]，即犹太人仿佛先天在智识

① ［美］莫里斯·迪克斯坦：《伊甸园之门：六十年代的美国文化》，方晓光译，新星出版社，2019 年，第 81 页。

② ［美］戴·特里林：《莱昂内尔·特里林：在哥大的犹太人》，郝田虎译，《世界文学》，2007 年第 4 期，第 232 页。

上拥有某种优越性。而特里林却并非如此，“他属于那种不声不响却最能坚忍的人”[①]，他的父母并未将这种智识上的傲慢灌输进他的头脑中，相反，“他不认为生活是智力的竞争，或者智力是武器——它更是良心的工具”[②]。20 世纪三四十年代的美国社会，主流大学的英文系依然受盎格鲁－撒克逊传统掌控，犹太人要跻身其中是十分困难的事。虽然怀着谦逊的心态，特里林却另有一种模糊的自我价值感，一种“他难以言说却可以完全信靠的神秘的生命本质”，这股力量最终推动他在哥伦比亚大学英文系谋得了一份教职，我们暂不深究这种超理性的先验体验为何物，而直接进入其批评活动和思想动态去考察。

特里林性格中深刻的“良知感”似乎与 50 年代的政治思想氛围达到了某种程度的契合，这一时期他的文化批评聚焦于小说体裁，而批评的准绳在于其提出的所谓“道德现实主义”。早在 1947 年 9 月，特里林受邀赴俄亥俄州的凯尼恩学院（Kenyon College）参加英语国家人民遗产和责任研讨会，并作名为《风俗、道德与小说》的主题发言，以历史社会和道德心理的视角展开文学评论和文化分析，从而奠定了他持续数十年的“道德现实主义批评”基调。这场主题发言从界定“风俗”（manners）的内涵开始，特里林将之定义为“由一种文化所蕴含的各种含义所构成的喧嚣场面”[③]。当然，这样的定义不免带有某种程度的文学比拟色彩和模糊性，我们大致可将其理解为一种文化语境，它并非单独的艺术、宗教、道德或政治，但与这些高度程式化的分

① ［美］戴・特里林：《莱昂内尔・特里林：在哥大的犹太人》，郝田虎译，《世界文学》，2007 年第 4 期，第 232 页。

② ［美］戴・特里林：《莱昂内尔・特里林：在哥大的犹太人》，郝田虎译，《世界文学》，2007 年第 4 期，第 232 页。

③ ［美］莱昂内尔・特里林：《知性乃道德职责》，严志军、张沫译，译林出版社，2000 年，第 107 页。

支密切相关。理解了“风俗”的定义后，紧接着是思考如何研究风俗，特里林给出的答案是“尽可能多地收集这方面的细节”，任何一种复杂的文化都不可能只包含单一的风俗体系，因而适宜的文化批评理应去最大限度地收集、理解并调和这些相互冲突的“风俗”。为了将论题引向他要探讨的小说，特里林将发言的内容进一步限定在了“有知识和责任感的中产阶级”的风俗体系上。具有责任感的知识分子在关涉现实问题时，往往将文学作为一种载体，去呈现现实与表象、事实真相与表面假象的二元对立。特里林认为，小说作为特定的文学体裁之一，其探索的领域是社会所构成的世界，其分析的素材是能够显示出人类灵魂指向的风俗，它传达给我们关于生活的丰富内容，因而“小说是唯一能够反映生活的辉煌之书”①。他进一步指出，一种文学的首部伟大典范能够包含该文类所具有的所有潜力，他以塞万提斯的《堂吉诃德》为例，阐述了一部优秀的小说应如何去表现现实与表象的关系。《堂吉诃德》的重要价值在于探讨了社会阶层的变动和冲突如何构成了知识领域的认知问题，而金钱作为一种媒介又是如何在一个变动的社会中发挥作用并引发势力行为所导致的幻想，后者是小说呈现的虚伪表象，前者则是这种表象下的现实本质。由此，特里林总结了他所认为的经典的、有价值的小说所应具备的终极写作意旨，即在社会领域内去探究现实问题。简言之，特里林的小说批评挖掘了一种有关目的和动机的心理范畴，而这种心理范畴深刻地关涉道德选择，在小说中呈现这种道德行动及其背后的心理动机，就是所谓的“道德现实主义”，符合这一条件的才能称作优秀的小说。

秉持这种批评观念，1955 年，在纽约一家神学院策划的关

---

① ［美］莱昂内尔·特里林：《知性乃道德职责》，严志军、张沫译，译林出版社，2000 年，第 112 页。

于“伟大道德问题的文学表现”的讲座上，特里林进一步阐述了合乎“道德现实主义”原则的小说所应具备的品质，并提出了一种他所批判的“惰性道德”。他以伊迪丝·沃顿的《伊登·弗洛姆》（*Ethan Frome*）为例，认为当时的文学界存在一种不纯正的风气，即认为凡是表现了社会的残酷和黯淡的小说都是具有现实性的优秀作品，《伊登·弗洛姆》正是该类作品的典型之一。特里林指出，《伊登·弗洛姆》是一部文学意志先行的小说，是为了阐述人类的痛苦和社会的残酷而生造的故事，其中所呈现的三位主人公绝望而饱受折磨的生活图景只能揭示其劫难的原因，并没有提出任何心理动机和道德问题，因而是冷酷、僵化的。为了阐述清楚出于文学意志和出于道德意志而创作小说的区别，特里林又以古希腊悲剧和罗马斗兽场的对比进行说明，二者都向人们展示了某种残酷场面，观众通过观看残酷场面而感受到某种隐秘的愉悦，这就是所谓的悲剧悖论。然而，使悲剧区别于罗马斗兽场之类纯粹“恐怖表演”的原因在于它具备一种超越自身的意图。[①] 这种意图促使人们从道德出发采取行动，去寻找造成这些苦难的原因，去揭示这些现实表象之下更深层次的本质。特里林认为亚里士多德的悲剧理论很明确地揭示了悲剧作品中道德意图的重要性：

> 亚里士多德说，悲剧选择某种类型的主人公：他具备某种社会和道德地位；他具备某种程度的、可以进行自由选择的可能性；他必须通过自己的道德状况来为自己的命运进行辩解，或似乎对它进行辩解，而他的道德状况既非十全十美，亦非一无是处；其中有某种特定的错误，这种错误与命

① ［美］莱昂内尔·特里林：《知性乃道德职责》，严志军、张沫译，译林出版社，2000 年，第 336 页。

运一起导致了他的毁灭。[①]

在特里林看来，只有这种悲剧主人公出于自由的道德意志而做出的行动才是具有价值的，唯其如此，他的受苦才是具有意义的，因为其中显示出了某种理性，而这种理性正是特里林所说的“道德现实主义”。不仅《伊登·弗洛姆》这类文学作品缺乏道德意图，沉闷的现代社会日常生活也尘封了积极的道德力量，许多人如伊登·弗洛姆一般，仅仅具有一种简单的、缺乏反思的、消极被动的道德，比如习惯性地履行为人子女的职责，这是一种生物学意义上的道德，而非出于特定的心理动机、依照自由意志的判断而主动采取的道德行动，是特里林所谓“惰性的道德”。显然，通过小说批评，特里林敏锐地意识到了现代社会生活中所蕴含的那种弥漫性的道德惰性，理想文学和道德哲学所描绘的高尚的道德意图不复存在。我们可以很容易地将这种“惰性道德”和阿伦特所说的“平庸之恶”联系起来，二者都深刻地批判了那种无聊地、不经思考地去履行某种固定职责的行为，两位犹太裔知识分子都热切地呼唤人们去认识和反思这种行为，因为这种惰性的、平庸的行为不仅可能招致自身的不幸，甚至可能对人类犯下巨大的罪行。

特里林身上似乎确实具备某种“难以言说却可以完全信靠的神秘的生命本质”力量，这种或许是来自他潜意识的犹太传统和家庭教育，或者是通过自身智识而后天习得的理性思考，使他持续性地背负着某种道德使命，也因此被称为“美国知识分子的良心”。即便后来特里林走向更为综合的文化批评，这种人文主义关怀和启蒙理性仍然在他的思想中显示出强大的存在感。

---

① ［美］莱昂内尔·特里林：《知性乃道德职责》，严志军、张沫译，译林出版社，2000年，第337页。

第二节 “解救之道”：一场依托审美内在性的宗教复兴

置身于第二次世界大战后文化保守主义思潮抬头的历史语境，面对资本主义发展的新阶段和新情况，有别于特里林较为纯粹的文学、文化批评，贝尔从老本行社会学出发，以资本主义社会文化为对象，开始形成自己独特的理论视点。20 世纪中叶，美国流行着两种既有的对社会的认知与分析，一个是自马克思以来的将社会划分为经济基础和上层建筑，二者辩证统一的观点；另一个来自美国现代社会学奠基者帕森斯的结构功能主义社会学，将社会看作一个有机结构的整体的观点。贝尔则用“断裂”一词来形容当时的资本主义文化社会，矛盾正存在于断裂之中。他明确指出，“现代社会是政治、技术－经济、文化三个截然不同领域”[①] 的不协调混合，三个领域又由各自不同、相互对抗的轴心原则所统治：政治领域以追求平等为核心，经济领域以效益为原则，文化领域推崇自我实现和自我表达。所谓资本主义文化矛盾就存在于这三个领域的断裂之中，来自效益、平等和自我实现的冲突。资本生产和组织方式中的等级秩序与政治上追求平等而产生合法性的原则相抵触，而其对纪律和角色身份的要求又同文化上的自我实现和表达相背离。

为了突破这种冲突和矛盾的围困，贝尔把目光聚集在了文化领域，我们可以从历时和共时两个维度对此加以辨析。从历时的角度看，贝尔用“回跃”（ricorso）一词来概括文化领域在历史

① ［美］丹尼尔·贝尔：《资本主义文化矛盾》，严蓓雯译，江苏人民出版社，2012 年，第 9 页。

脉络中的波动变化。不同于技术经济秩序中的线性进步逻辑，文化上总是存在一种回归，即回归到对人类生存苦恼的关注和疑问上，比如浪漫派对前现代和民间信仰象征体系的征用和借鉴，新的音乐、绘画和诗歌并没有取代旧有的经典作品，只是扩大了文化传统的容量。而在共时层面，贝尔给的关键词是“异质合成”(syncretism)，这是一个宗教术语，形容一种同时信奉多种神祇的混杂状态，比如现代艺术中的“大杂烩”，中产阶级客厅的摆饰或者杂货摊叫卖的商品。

显然，这股文化冲动力的最大经验语境就是后来遍及所有艺术领域的现代主义运动，这也是后来“纽约文人集群”文艺转向和选择之所指，但贝尔却从更加深刻的理论层面剖析出了其内在矛盾。他指出，资本主义将鲜明的个人主义引入经济系统以打破传统的束缚，却同文艺生活中激进的个人主义实验产生了不可调和的矛盾。“在现代意识中，没有一个共同的存在，只有一个自我，而对这自我的关注是关心它的个人真实性，它那独特的、不可削减的、不受设计和传统约束的性格。”① 在现代主义的文艺实践中，对真实自我的关注才是伦理和审美判断的源泉。然而，从19世纪到20世纪初，现代主义艺术思潮经过一百多年的发展，其冲动力和震惊效果似乎越来越为经济驱动力所耗损，让位给了贝尔所说的“文化界”②。“文化界”是指建立在一套知识与传播工业系统之上的、能够独自消化一套文化产品的庞大群体。文化领域作为独立的由一套运作系统和专家治理的社会分化领域，将审美和艺术制度化，并且这种制度化之中渗透着经济驱动力。现代主义曾经的反叛和异质经验被符号化和商品化，变成了

---

① [美]丹尼尔·贝尔：《资本主义文化矛盾》，严蓓雯译，江苏人民出版社，2012年，第47页。

② [美]丹尼尔·贝尔：《资本主义文化矛盾》，严蓓雯译，江苏人民出版社，2012年，第18页。

一种时髦产品，一种趣味和姿态，引发享乐主义倾向。

贝尔还专门花篇幅介绍了 20 世纪五六十年代美国流行的文化情绪，并由此引出对所谓后现代主义的分析。贝尔的观点很明确，他认为后现代思潮是对现代主义逻辑的极致发展。现代主义用美学证明生活的正当性，后现代主义完全用本能来代替"只有冲动和快感是真实的、值得生活肯定的；其余无非都是神经衰弱和死亡"①。现代主义即便是在反叛资本主义社会，但仍然是有序的（艾略特等现代派诗歌的形式），内容非理性，形式理性。但后现代主义则溢出了艺术的容器，撕碎了艺术和生活的边界，认为获得知识的途径是行动而不是做出定义和区分。贝尔对这样的后现代主义持批评和不屑的态度，认为其诉诸的东西并不是什么新鲜的内容，跟宗教当中"诺斯替教徒"为了反抗规范和拘束，提倡放纵自由、性解放和幻觉体验的无拘束仪式本质上是同一种东西。如福柯的消极黑格尔哲学（将人看作一种短暂的历史化身，"被海浪一洗而空的沙滩足迹"）、德勒兹"根茎"、巴特的零度写作等，一系列松散的后现代哲学美学思想都不过是一种将思想推至荒谬逻辑的语言游戏。贝尔唯一肯定的后现代力量是其以解放、性冲动、自由之名，为攻击价值观和"普通人"行为的动机模式提供了心理先锋。

既然现代主义的冲击力业已消逝，后现代看上去又似乎并非一种切实有效的缓解资本主义文化危机的良方，那么曾经试图以文艺和审美来替代宗教的期望还有可持续性吗？艺术和美学是否能提供一个广泛的或超验的终极意义，来满足生活的正当性，提供价值判断和意义？贝尔的考察核心落脚在文化的内聚力问题上。在此过程中，他指出文化内聚力的丧失源于话语的断裂和语

---

① ［美］丹尼尔·贝尔：《资本主义文化矛盾》，严蓓雯译，江苏人民出版社，2012 年，第 53 页。

言表达能力的削弱。自现代主义以来，我们感受到文化经验的多样性，后现代主义中的句法结构断裂，一切形式被打破，原来的整一宇宙观被离心的审美力量及艺术家的审美经验和观众之关系的变化搞得四分五裂，文化内部变得非常涣散。

对意义的寻求将我们带回到最根本的问题上，在贝尔看来，文化的中心问题不是积累，而是对原初问题的依赖，“这些问题是所有人在所有时间所有地方都要面对的问题，它们源自人之处境的有限性，以及由不断想要到达彼岸之热望所引发的张力。这些是在历史意识中困扰着所有人的生存问题：如何面对死亡，忠诚和责任的本质，悲剧的特点，勇气的意义，爱或友谊的救赎。答案可能千差万别，问题却永远相同”①。强烈的道德意识使贝尔认识到，文化上的回归呼唤着我们回答指引人类行为的准则到底是什么。贝尔否定了“自然”②，自然的一端是一系列物理限制，而另一端是生存问题；接着否定了“历史”③，历史没有终极目的，它是工具性的，是人控制自然力量的扩张。最后，理论分析的推进和犹太救赎心理的催化，使他将希望指向了宗教。贝尔认为宗教是外在于人、却将人与一些超越自身的东西相联系起来的超验观念。韦伯也曾指出，在某些重要的历史关头，宗教可能是最具革命性的力量。

宗教是人类意识的一个组成部分，是对生存总秩序及其模式的认知追求；是对建立仪式，并使得那些感情神圣化的渴求；是与别人建立联系或同一套将要对自我确立超验反应的意义发生关系的基本需要；以及当人们面对痛苦和死亡时

① ［美］丹尼尔·贝尔：《资本主义文化矛盾》，严蓓雯译，江苏人民出版社，2012年，第172页。

② “自然”，援引自列奥·施特劳斯所论述的古典政治哲学的“自然权利”说。

③ “历史”，援引自维科的历史循环论。

必不可少的生存观念。[①]

那么，如何在当下文化语境重建宗教的功能，成为贝尔自然而然要思考的问题。贝尔所言后工业社会，是经历过自然世界和技术世界的社会世界，人类从曾经的与自然争斗、与人造自然（机器）争斗，过渡到了与人争斗，而“人之合作比物之管理更困难”[②]。后工业时代的现实是社会越来越成为一种意识的网络，在这种结构中，采用何种规则和道德观念，成为维系其机体健康的关键要素。在西方语境下，由于宗教的衰落，人们之间的共同感和情感纽带在削弱，这种意识网络所面临的危机更加严峻。既然问题来自主体内在，那么从内在性入手，似乎成为找寻解救之道的必然方向。产自主体的文化，特别是文学与艺术，因其与宗教千丝万缕的联系，成为贝尔瞄准的资源场域。在他的构想之中，文化领域是一套“表意象征系统”，涣散的文化现状应该要基于“崇拜”去建立一种新的象征，从而维系与过去、传统和权威的联系。这种象征存在于每个人的内在审美之中，人们应该在生活的最深层次去寻求生活的意义。

于是，贝尔所要建立的未来宗教，是在传统宗教和资本主义新教的衰落之后的一种新宗教的复兴。这种用以对抗资本主义文化危机的新宗教，是在继承原有宗教的基础上建构起来的。它有三种表现方式，即道德化宗教、救赎式宗教和神话式宗教，所依靠的载体是原有的宗教典籍、艺术作品以及大众传媒，从而确立一种意义上的权威，人们借由审美的内在性去接受、体悟并遵从这种意义的权威，获得心灵的寄托。虽然如此，贝尔还是辩证地

① ［美］丹尼尔·贝尔：《资本主义文化矛盾》，严蓓雯译，江苏人民出版社，2012年，第180页。

② ［美］丹尼尔·贝尔：《资本主义文化矛盾》，严蓓雯译，江苏人民出版社，2012年，第158页。

认识到，在后工业社会的诸多领域中，这种复兴的宗教虽然是人精神世界的重要因素，但已不具有全面的权威地位，而是和其他领域并列、交叉在一起。

第三节　未来宗教如何可能

为了阐述未来新宗教，贝尔梳理并划分了不同时期的社会环境及其宇宙学原理。在时间轴上，整个人类社会可以分为前工业社会、工业社会和后工业社会，它们分别对应着自然世界、技术世界和社会世界；而从宇宙学原理或曰形而上学的视角来看，这三个世界的精神核心分别处在传统宗教、资本主义新教和贝尔所要提出的未来新宗教之中。与这三种社会阶段和宇宙学相伴的，是三种附属方式或身份方式，分别是宗教、工作和文化，它们作为连接个体与世界的纽带而发挥作用。

一、传统宗教

在前工业社会的自然世界中，人类依靠对“生”与“死”以及自身命运的思考，引申出了对于超自然秩序、灵魂、神或非人力量的观念，它们成为前工业社会人类世界的普遍性观念。法国社会学家埃米尔·涂尔干（Émile Durkheim）认为，宗教作为社会的一种意识，具有团结社会的必需功能，它关乎社会的存在。[①] 贝尔指出，这一时期所形成的宗教是理解一个人的自我、民族、历史和在事物格局中位置的超世俗手段。[②] 亦即，除了团

① ［法］埃米尔·涂尔干：《宗教生活的基本形式》，渠东、汲喆译，上海人民出版社，1999 年，第 296 页。

② ［美］丹尼尔·贝尔：《资本主义文化矛盾》，严蓓雯译，江苏人民出版社，2012 年，第 166 页。

结功能，宗教更是一种理解手段，是一种认知工具。而在具体实践中，宗教作为认知工具有两个重要功能：一是共时性地作为事件和精神的意义象征系统，二是历时性地作为衔接时间的延续性力量。前者可以参见耶稣基督在十字架上仪式性的牺牲，后者则存在于预言的权威之中，以过去为基础来判定现在甚至未来。宗教的这两种功能几乎巩固了所有西方历史文化的根基，帮助前工业社会的人类探寻自身起源和世界奥秘，贝尔将古希腊思想作为例证，分析并论证了这种认知功能的重要作用。古希腊人借用神话和史诗来认识自身所处的世界，而这些文学艺术形式又无不处于形而上的“命运”崇拜的统摄之下。宗教将道德规范加诸文化，它坚持界限的遵守，坚持审美冲动服从于道德行为。这一时期对于命运和时间的观念是一种循环轮回论，荷马的《谷神得墨忒尔颂》将时间描写成一个圆环，如春夏秋冬的自然轮转，而柏拉图的《理想国》通过最后的厄尔神话将这种朴素的、自然的轮回观念整合进了一个道德秩序的理论构建中。到了公元前最后几个世纪，战乱和悲观情绪将古希腊这种关于“命运”的崇拜引向了对“机遇”的等待，贝尔借古典学家伯纳德·诺克斯(Bernard Knox)的《俄狄浦斯在忒拜》中伊俄卡斯特之口道出了“机遇”之于那一时期人类生活的重要性，“既然没有什么确定认识，命运又统治着一切，那么随意生活就是最好的办法”[①]。

此外，传统宗教同时也是一种“放纵”和“限制”二元观念辩证关系的调节器。贝尔阐述了这两个观念的历史表现，前者可以追溯到古希腊酒神节、古罗马狂欢节、诺斯替教和圣经中关于索多玛城、俄摩拉城和巴比伦等的神话传说；后者则是西方历史上很多伟大宗教的一个共通因素，特别是《圣经·旧约》和犹太

① [美] 丹尼尔·贝尔：《资本主义文化矛盾》，严蓓雯译，江苏人民出版社，2012 年，第 161 页。

教的一些传统规定，它们源于古代人忍受现世生活困苦的宗教教义和苦行仪式，经过提炼概括逐渐形成了一种要求人们严酷节制肉体欲望的道德理论。即便到了《圣经·新约》时代，这种限制的因素仍然存在于众多教义内容中，比如《哥林多前书》中关于肉体的放纵和爱的探讨。值得特别注意的是，“宗教”“道德”与“限制”同样也将是我们理解后来的资本主义新教和贝尔所构建的未来新宗教的十分重要的三个关键词。

传统宗教最显著的，也是最重要的一个特质，是对超世俗的神圣感的构建。贝尔认为，宗教的力量来源于这样一种事实：

> 在意识形态或世俗信仰的其他模式产生之前，宗教是将大家聚合在一个强大容器（即神圣感）中的手段，这种神圣感作为民族集体意识非常突出。①

这种力量并不关涉世俗世界的自我利益或个体需求，它并非社会契约，也不只是关于宇宙意义的一套普遍体系。有关神圣和世俗的区分涉及从前工业社会向工业社会、从自然世界向社会世界过渡的转折点，贝尔援引涂尔干的观点阐述了这个二元关系的此消彼长。涂尔干强调了一种将人们联结在一起的共通感觉和情感纽带，最初，宗教就是这样一种意识，它将社会生活的象征符号体系统摄到神圣之物上。贝尔则将前工业社会连续性的存在视为被绑缚在了一条“统一之巨链”上，这条“巨链”便是绝对权威的宗教神圣感。而随着工业世界的兴起，曾经的那种共通感觉和情感纽带逐渐衰退、被稀释，直接导致了神圣世界的萎缩和宗教的衰落，世俗化进程开始了，人类进入由理性和技术掌控的社会世界。

---

① ［美］丹尼尔·贝尔：《资本主义文化矛盾》，严蓓雯译，江苏人民出版社，2012年，第165页。

二、资本主义新教

当技术世界来临，启蒙理性和工业革命增强了人的力量，黑格尔开启了自我意志克服主体有限性的人类历史，马克思则进一步肯定了人对自然和自我的完全掌控力。传统宗教不再具有绝对权威，曾经的神圣宇宙学逐渐退缩，但仍旧被整合到一种推动现实社会进步的内驱力之中。在德国著名思想家马克思·韦伯那里，这种带有宗教因素的内驱力是一种使资本主义文明有可能得以发展的心理条件。韦伯系统性地考察了资本主义新教兴起和发展的整个历史，《新教伦理与资本主义精神》（*The Protestant Ethic and the Spirit of Capitalism*）成为宗教社会学研究的典范。

在《经济通史》（*General Economic History*）中，韦伯详细梳理了资本主义的产生过程，他将之归因于一种由经济环境改变带来的经济活动新形式的出现，其主要组织方式从传统手工业行会转变为工商业企业。[①] 十六七世纪，随着海上活动的扩张，技术进步和市场增长使得欧洲贸易活动资本积累不断增加，经济总量和性质产生了巨大变化，亟须建立一种新的经济组织形式，以保证持续性获利。随着资本主义活动逐渐成为主导经济生活的决定性力量，一种资本主义精神形成了，“它可以理解为作为一个整体的理性主义发展的一部分，而且可以从理性主义对于人生基本问题的根本立场中演绎出来”[②]。当尚处于从神圣向世俗转变之际，人们需要把对财富的追逐合理化，否则便违反了传统宗教的道德教义。因此，一种新的宗教观念应运而生，它教导人们不

① 参见［德］马克思·韦伯：《经济通史》，姚曾廙译，韦森校订，上海三联书店，2006年。

② ［德］马克思·韦伯：《新教伦理与资本主义精神》，阎克文译，上海人民出版社，2018年，第239页。

把追逐财富仅仅看作牟利，而是看作一种义务，它是资本主义发展实用唯心主义的产物。

为了论证这种社会心理的转变，韦伯重点考察了中世纪欧洲宗教改革神学家路德（Martin Luther）的“天职”观念。“天职”（德语 Beruf，英语 Calling）代表着一项终身的任务、一种确定的工作领域。通过对这一概念的历史性溯源，韦伯发现在传统天主教或其他民族的宇宙学中，并不存在一种具有这样含义的说法，这个词却在各新教民族中沿用至今。[①] 在路德看来，天职是一种上帝为个人安排的生活状态，不可违逆。而在加尔文教派中，存在着“得救预定论”，亦即信奉新教的教徒必须依照上帝的安排，通过怀着宗教责任感主动去努力追求紧张艰苦的事业，挣得上帝安排的天职，从而获得一种“恩宠证据”，允诺得到最终的救赎。“一种非同寻常的资本主义商业意识与最彻底的虔诚形式结合在同一批人、同一些群体身上”[②]，道德标准本质上改变了，资本主义世俗活动的实用原则从此具有了天然的合法正当性，新教的加尔文主义神学在资本主义社会中得到了实践。

贝尔认可韦伯对资本主义和新教的考察分析，他肯定新教教义中个体生活的积极内容。新教的“天职”观念合理化了人们对财富的追求，从而能够激励个人发展，为个人创造幸福的契机和发展的动力，推动人们找到自我价值和实现价值的途径。同时，新教还培养人们勤奋、谦逊、严谨的品质性格，形成一种深刻的伦理道德观念，在社会上酝酿一种清醒、节制的新风。然而，贝尔也看到，随着资本主义进一步发展，它的经济驱动力不断加强、范围不断扩张，以至于侵蚀到精神领域，新教中教导人们刻

① ［德］马克思·韦伯：《新教伦理与资本主义精神》，阎克文译，上海人民出版社，2018 年，第 241 页。

② ［德］马克思·韦伯：《新教伦理与资本主义精神》，阎克文译，上海人民出版社，2018 年，第 211 页。

苦努力追求事业、财富以得到救赎的目标越来越被日渐增长的世俗欲望反噬。而与之共生的文化冲动力，即现代主义文化，也因为人们对经济利益和娱乐的追逐而被逐渐抑制，出现了“文化界”，“文化界”的形成为享乐主义的滋生铺垫了基础，给资本主义文化发展蒙上了一层负面的色彩。既然新教已经不再能够有效地规约人们的欲望，使之有益于资本主义的发展，“新教伦理（如今是个神话了）被贪欲战胜”①，那么新的文化矛盾和精神危机就亟须一种更加适应工业社会甚至后工业社会的宇宙学来加以克服和解决，贝尔由此构想出一种新的宗教改革。

三、未来新宗教

贝尔引用德国哲学家斯普朗格（Eduard Spranger）的话提出了有关宗教的最后一个问题——“当人的内心深处肯定无疑地缺乏任何价值观时，不知会发生什么状况。在这里，存在着对宗教观念的全面放弃……任何一个不能将上帝称为他自己的上帝的人，将委身于邪恶。”② 这句话隐藏的意思是将宗教信仰与对价值观的维护绑缚在一起，亦即，一个缺乏宗教情绪的人无疑是一个价值观淡漠的人。对贝尔来说，价值观是一种必需的精神，要维持价值观势必要借助宗教的凝聚力和神圣感。贝尔进一步指出，宗教并不是涂尔干意义上的社会“财产”，而是人类意识不可或缺的构成部分，是人类精神的一种根本天赋：

> 对人类之普遍秩序的认知寻求；对建立仪式和将此种观念神圣化的情感需求；对跟他人产生联系，或跟一套意义建

① ［美］丹尼尔·贝尔：《资本主义文化矛盾》，严蓓雯译，江苏人民出版社，2012年，第364页。

② ［美］丹尼尔·贝尔：《资本主义文化矛盾》，严蓓雯译，江苏人民出版社，2012年，第178—179页。

立联系的原始需求——这套意义能建立对自我的超验回应；以及面对痛苦和死亡的最终来临的生存需求。①

这一有关宗教的观点包含了对人类认知、情感、意义、生存四个需求维度的概括，也回答了为什么要在工业社会、后工业社会重新塑造宗教这一有违现代资本主义社会发展潮流的力量的问题。在马克思·舍勒（Max Scheler）有关现象学的神学探索中，人的行为和统一的中心被称为“位格”，它是价值和道德观念的载体。依据价值秩序，人类世界被划分为四个层次的社群形式：第一是“人群”，即芸芸众生；第二是“生活共同体”，即家庭或家族；第三是“社会”，即陌生人之自愿建立的契约关系；第四是“总体位格”，包括宗教、文化和国家。“总体位格”包含前三种形式，也涵盖了人类的精神情感。宗教这一总体位格，是一种精神性位格，是人神共通的中心，也是价值和道德的最高载体。② 从舍勒的“位格”理论来看，宗教信仰无疑具有囊括人类行动和思想总和的最高凝聚力。贝尔赞成舍勒所说的“宗教行为是人类思想和灵魂的根本天赋”，还同时援引韦伯所表明的，宗教是某些历史重要关头最具革命性的力量。贝尔所示的这些观点无一不指向重构宗教力量的重要性，但他也意识到，在工业社会或后工业社会中，要想召回传统宗教的权威地位是不可能的，必须塑造适应时代发展的一种新宗教形式，来延续宗教作为“总体位格”和人类意识固有内容的凝聚力。

回答完“为什么”，紧接着，贝尔提出了新宗教是什么以及如何塑造的问题。首先，新宗教的重要特征之一在于其“连续

① ［美］丹尼尔·贝尔：《资本主义文化矛盾》，严蓓雯译，江苏人民出版社，2012年，第180页。

② 参见［德］马克思·舍勒：《同情感与他者》，朱雁冰等译，北京师范大学出版社，2014年。

性”。如果人类文化是一种社会性的、非动物性的人造物，而人类意识具有思考自身命运和生存问题的能动性，那么，人类也同样具有将这种思考的意识传递下去的本能，贝尔将这种连续性称为与“那些经历过同样兴衰变替的他者——父亲们——的关联”①。其次，与连续性相连的是“认知性”，这也是传统宗教所固有的一个功能，这种认知是建立在对生死问题思考和超越之上的对自我的新认识，自我是道德的一种体现，而道德是一种连续的、具有历时性的价值体系。最后，新宗教还具有传统宗教中的“限制性”特征，如贝尔所探讨的“放纵”与“限制”二元辩证关系，他认为，“现代社会的问题是放松本身走得太远，没有了界限”②，现代主义文化对自我无限扩张的精神追求导致主体丧失界限感，从而引发诸多危机。而危机同时存在于外部社会和内部精神两个领域，因此限制具体可以从资本主义经济和文化发展的双重面向上予以给定，经济上由政府层面制定一系列科学、稳定的发展措施，避免通货膨胀、环境污染和失业率上升等问题，文化上主要依靠大众媒介和“文化界”对享乐主义倾向进行约束。

“连续性”“认知性”和“限制性”都仍然延续了传统宗教特征，贝尔所言新宗教之“新”，在于最后这一种特征——审美性。如前所述，新宗教有道德化宗教、救赎式宗教和神话式宗教三种表现方式，所依靠的载体是原有的宗教典籍、艺术作品以及大众传媒，从而确立一种意义上的权威。贝尔深知，现代意义上的宗教无法再获得前现代时期那种至高无上的地位，它必须学会与现有的经济、政治、文化共生共存。道德化宗教主要依靠基督教基

① ［美］丹尼尔·贝尔：《资本主义文化矛盾》，严蓓雯译，江苏人民出版社，2012 年，第 179 页。

② ［美］丹尼尔·贝尔：《资本主义文化矛盾》，严蓓雯译，江苏人民出版社，2012 年，第 181 页。

本教义中道德的约束来限制人们过度膨胀的自由主义倾向，它仰赖一些固定的宗教团体的力量来实现；救赎式宗教更加针对知识分子群体和专业技术阶层，它主要通过人类文化连续性和社会传统经验来实现；神话式宗教意在造成一种惊奇感和神圣感，它主要借助文学艺术的象征主义方式来实现。在工业社会和后工业社会中，上述三种新宗教的主要散播途径是书籍和大众传播媒介，它们共同的目标是寻求一种文化和意义的重建，来克服虚无主义危机。贝尔指出，新宗教的实践方式需要一些新的合作仪式，即在共同体成员之间建立互帮互助的救赎关系，共同偿清道德所规定的债务。同时，他也意识到，当宗教不再具有绝对的权威，不再能够从外部施加强大的压力，迫使人们信服并顺从，而仅仅是人们填补内心空白的一个自由选项时，新宗教不得不从个体角度出发，从内在唤起人们对意义和价值的需求。因此，无论是道德、救赎还是神话，都需要人们借由个体审美的内在性去接受、体悟并遵从那种意义的权威，从而获得心灵的寄托。

四、新宗教何以可能

当贝尔将基于审美的新宗教系统构想性地投入后工业时代，试图修复人与世界联结的意义纽带时，其可操作性和有效性问题便成为我们必须审视的关键一环。首先，我们不能忽视这种解救之道某种程度上的必然性和可取之处。贝尔以其破除左右倾壁垒的融通视野、深厚的理论功底，以及丰富的生活经历和敏锐的判断力，一针见血地指出了后工业时代资本主义文化矛盾的症结之所在，并以高度凝练的理论概括行之成文，在20世纪五六十年代的欧美文化界甚至其后二三十年的中国学界，都曾引起巨大的轰动和讨论。他对当时美国社会文化情绪和社会状况的准确捕捉，充分关注了历史和详细的复杂经验，使其理论血肉丰满、富有活力。

贝尔提出走向一种后工业社会的宗教复兴，其出发点在于看到了现代主义曾经倡导的那种极端的自我中心和主观主义倾向所引发的享乐主义危机、主体内心的无根和主体精神的失落，具有深刻的现实批判和警示色彩。他启示我们，人不能只局限于一处，又不能漂泊无根，他必然生活在特殊性与普遍性的张力之中。[①] 资本主义文化势必要在世俗化和神圣感中寻求平衡，才能不致偏颇一面而招致危机。犹太人本就是一种最典型的宗教－文化群体，贝尔的犹太裔身份又使得他对宗教传统和权威始终保持着一种敬畏和维护，“要理解超越，人需要一种神圣感”[②]。无论是传统宗教的禁欲主义、新教对资本主义活动合法化的确证，还是新宗教对精神中道德、救赎和神圣感的寻求，强烈的道德主义原则均一以贯之。就像本雅明在历经对现代艺术和文化精神的探讨而最终走向回归宗教的弥赛亚[③]主义，贝尔也在某种程度上拥抱了犹太救世主义情怀。

然而，在阐述通过复兴宗教来解决现代性危机的过程中，贝尔高度突出艺术的象征品格和主体审美的内在性，把美学经验完全限制在私人领域。哈贝马斯在评价这种文化保守主义立场时就曾指出：“随着科学、道德和艺术从生活世界中分离出来，它们被明确划分为彼此自律的、由专家治理的领域，文化现代性仍保留的就只能是抛弃了现代性规划之后所剩下来的东西。”[④]

这无疑是一针见血地触及了后工业时代宗教复兴的核心障

① ［美］丹尼尔·贝尔：《资本主义文化矛盾》，严蓓雯译，江苏人民出版社，2012 年，第 182 页。

② ［美］丹尼尔·贝尔：《资本主义文化矛盾》，严蓓雯译，江苏人民出版社，2012 年，第 182 页。

③ 参见［德］本雅明：《历史哲学论纲》，张旭东译，《文艺理论研究》，1997 年第 4 期。

④ 转引自曹卫东主编：《审美政治化：德国表现主义问题》，上海人民出版社，2015 年，第 24 页。

碍，同 19 世纪自尼采和德国浪漫派开启将“主体性上身到彻底的自我忘却”① 的传统保守主义思潮一样，无论是审美的现代性还是贝尔式文化的现代性，都源自他们所反对的现代性分化，这是保守主义的一个深刻悖论。康德确立了美学领域的逻辑自洽和意义价值，然而康德哲学本身仍然以启蒙理性作为其奠基性土壤，科学、道德、美学等都是理性分化之诸领域。于是，一个矛盾出现了，资本主义现代文化并不等同于整个现代化进程，贝尔所阐发的通过复兴宗教来解决现代性危机的文化保守主义路向，即便仍然是在坚守现代性文化的前提之下，却也不可避免地同 19 世纪的先辈一样，试图以宗教和艺术的单一领域去克服资本主义生活世界的整体危机，流于过分的乐观主义。此外，在后工业社会的大语境下，政治、经济和文化诸领域并非相互隔绝之孤岛，行政系统和经济系统与生活世界的相互渗透和入侵，使得文化领域的一切运转都不得不面对复杂的历史及现实情势。通过艺术与宗教去修复受损的个体伦理，仅仅希冀在主体内在性领域开展一场回归革命，忽视环绕主体和文化领域本身复杂的外部因素，无疑会产生一种缺乏后劲的无力感。

将目光拉回到当下，经过几十年的后工业文明发展，时间印证了完全以宗教复兴来拯救发展危机的道路即便在封闭的欧美资本主义社会自身也并未实现。同时，全球化进程的加速，突破了当初美苏冷战的单一视角，资本的全球流通不仅带来商品经济的进一步发展，还打破了以往西方中心主义的文化话语霸权，后殖民时代的到来使得资本主义内部多元文化格局开始形成，甚至成为一种新的“政治正确”。在当今复杂的政治、经济、文化语境之中，原先单一的以盎格鲁－撒克逊宗教信仰为主体精神寄托的

---

① ［德］尤尔根·哈贝马斯：《现代性的哲学话语》，曹卫东译，译林出版社，2011 年，第 107 页。

情形也开始受到冲击，加之泛商业化越来越成为席卷社会各个领域的、不可阻挡的浪潮，美学和审美活动自身似乎已经在某种程度上成为商品经济的附随，遑论其承担连接宗教和深层精神世界的功能，因此，危机的解救还亟待一种更具通盘思考和组织能力的理论话语的出现。

第三章 马尔库塞批判理论的宗教维度

赫伯特·马尔库塞的批判理论以其“大拒绝”的姿态成为20世纪60年代激进运动的理论指南，而他本人也成为新左派的代表人物之一。在战后美国政治氛围由保守迈向激进的大环境中，马尔库塞从理论与实践相结合的角度，对单向度社会因丧失超越性的文化维度而导致的反抗性的消解进行了激烈的批判。而这一批判的表现形式之一——语言批判则极有可能受到了拉比犹太教释经法中“平行逻辑”原则的影响，此原则对释义多重性的鼓励客观来看与语言尤其是概念的歧义性具有潜在的一致性。在批判的同时，马尔库塞也在积极寻找打破单向度社会的方案。受布洛赫以及20世纪革命弥赛亚主义的影响，他对宗教作用的二重性给予了新的考察，认为宗教所提供的对于一个理想社会的想象能够承载突破第二次世界大战后美国社会“单向度性”的功能，即宗教的乌托邦层面能够为马克思意义上的革命开辟出新的可能性。此外，马尔库塞还吸纳了苏珊·桑塔格“新感性”的概念，对之做了新的阐释，认为“新感性”所蕴含的本能革命能够保存未来革命的历史主体，真正的文学和艺术是塑造新感性的最佳素材。这些观念和主张很复杂，涉及的面也很广，但总体上着眼于革命，着眼于一种弥赛亚式愿景的实现。这一实现的背后，是马尔库塞对人与社会之间关系犹太式的理解，即个体与社会不应当是一种疏离、隔绝的关系，人应当在集体中、在现实的意义上获得幸福。如果社会变得压抑人、贬低人，人就应当通过现实的行动做出改变。尽管“行动”一词在他眼中没有像在汉娜·阿伦特那里拥有同等的地位，但是马尔库塞所有的理论构想都是旨在构建一种未来的马克思意义上的革命行动。对于个体的不幸，尽管社会负有一定的责任，但封闭个体由于自我放逐而遭遇的毁灭却是不道德的，也是不可接受的。个体所应该做的，是怀着乐观的精神以积极的行动来构建理想的社会形态。即便这一行动暂时看来是“内在”的，对知识分子而言，它也依旧不失为一种行动。

第一节　马尔库塞与革命弥赛亚主义

一、马尔库塞的犹太性

作为法兰克福学派的重要成员之一，马尔库塞本人及其美学理论中的犹太性历来都被认为是不够突出的。尽管法兰克福学派的成员几乎都是犹太人，但是每位成员所表现出的与犹太信仰之间的关系大不相同。如果说洛文塔尔、弗洛姆和本雅明表现出对犹太信仰的强烈兴趣，霍克海默和阿多诺关注有关犹太人的问题并撰写了相关的文章，那么马尔库塞在其著作当中则很少直接提到有关犹太信仰的内容。纵观马尔库塞一生的理论走向，其表现为以马克思主义为核心的对资本主义社会不合理的现实秩序的一系列反抗策略，从哲学的角度来说，他的各种理论构想都含有一种“否定性”的思维。如果考虑到马尔库塞早年以研究德国浪漫主义文学起步，后来又曾拜海德格尔为师，以至于发展出一种存在主义的马克思主义，就会自然而然地认为马尔库塞所调用的理论资源仅仅是西方传统哲学和文学，他的批判哲学的内在动力始终是正统马克思主义，他是一个彻底同化了的犹太人。这一看法甚至得到了专门从犹太性角度研究法兰克福学派的学者马丁·杰伊的赞同："只有洛文塔尔和弗洛姆（还有本雅明，他后来曾为《杂志》写作）一直对犹太教的神学问题表现出真正的兴趣，而对于其他人来说，犹太教是一本合上的大书。"①

然而，对于马丁·杰伊的这一断言，我们需要做更仔细的分析：对犹太教神学感兴趣未必会明明白白地表现出来，这一倾向也有可能会以另外一番面貌见诸世人，甚至也有可能会否认自己。事实上，从现实的政治环境来看，第二次世界大战时期以及战后的美国对犹太人并不友好，美国的反犹主义比德国更甚。在这样一种处境之中，法兰克福学派成员遮蔽自身的犹太身份无疑有利于其思想的传播，这样可以表明自己并不是在以一个犹太人的特殊身份来写作，而是作为一个普遍意义上的学者来思考全人类所面临的艰难处境和根本问题。正是基于诸种可能性的考虑，另一位致力于法兰克福学派犹太性研究的学者乔治·弗里德曼坚持认为，法兰克福学派与犹太文化之间有着虽不甚清晰却切实存在的联系："回避犹太身份，并不说明他们不受犹太文化（尤其是犹太教）的影响。也许最实质的问题往往隐藏在沉默和回避的地方。"② 这种对犹太身份的回避也激起了另外一些研究美国文学的学者的兴趣，莫里斯·迪克斯坦作为 20 世纪 60 年代的亲历者，也表明了自己的疑惑："在马尔库塞的最佳著作《爱欲与文明》（1955）中可以看到这种环境对学术生活的压力，此书试图综合马克思和弗洛伊德的学说，但是根本没有提及'马克思'这个富有魔力的字眼。马尔库塞这种自我强加的书报检查究竟在多大程度上要归因于这位避难者的偏执狂，或归因于他的谨慎考虑，抑或是由于他想打动长期受反激进主义教育的读者们，那就

---

① ［美］马丁·杰伊：《法兰克福学派史》，单世联译，广东人民出版社，1998 年，第 42 页。

② 程巍：《否定性思维——马尔库塞思想研究》，北京大学出版社，2001 年，第 7 页。

很难说了。”[①] 迪克斯坦对马尔库塞讳谈马克思十分敏感，我们可以推测，由于迪克斯坦本人也是一名犹太人，因此他势必会联想到马尔库塞“自我强加的书报检查”的审查内容会涉及犹太教倾向。

此外，法兰克福学派是一个以项目和资金为导向的研究团体，其整体的研究方向受到领导人霍克海默的指导和规划，在此意义上学派成员之间需要深度的交流与合作，这促使学派成员的相互影响成为马尔库塞犹太性可能的来源之一。值得一提的是，由于霍克海默和阿多诺的努力，本雅明去世之前的著作和写作规划成为学派未来研究总的纲领：“作为一个深刻影响着法兰克福学派思想发展方向的人，本雅明的思想为解决传统和现代的争执提供了一种新的思路与一种新的阐释范式。”[②] 本雅明的这一新的思路深受犹太教的影响，尤其是他的略带神秘色彩的语言观接近于犹太教中对“启示”的言说：“在这种语言观中，语言不仅只限于是一种交流的工具，而是直接体现为一种真理的显示，其历史的根据可以一直回溯到《创世记》中上帝对万物的命名。”[③] 这种反对语言工具性的语言观与马尔库塞后来对语言哲学、实证主义的批判具有一致性，即无论目的为何，都试图挖掘语言丰富的多义性，反对将语言仅仅看作对现实之“物”的反映。但是即便存在着这种表面上的一致性，也很难说马尔库塞自身有着犹太教的影响，且这种影响来自本雅明。对于犹太教在马尔库塞身上的影响，国内学者程巍认为应着眼于弥赛亚观念对法兰克福学派

---

① ［美］莫里斯·迪克斯坦：《伊甸园之门：六十年代的美国文化》，方晓光译，译林出版社，2007 年，第 72－73 页。

② 姚明今：《文化批判理论的历史性建构》，中国社会科学出版社，2017 年，第 46 页。

③ 姚明今：《文化批判理论的历史性建构》，中国社会科学出版社，2017 年，第 48 页。

整体的影响。如果从更广阔的视野来看，则可以说这一弥赛亚观念以相同的方式影响了早前的马克思和后来的法兰克福学派："我们从马克思的著作里能感到这种强烈的弥赛亚观念，即在人类的危机时刻，必然会有一个救世主来临。正是马克思著作中的弥赛亚观念，吸引了法兰克福的这些中产阶级犹太家庭的启蒙的子弟。"① 在这一观念的统筹下，马尔库塞著作当中的弥赛亚观念就能得到准确的揭示。

二、"弥赛亚"主义与革命

近年来，由道格拉斯·凯尔纳主编的《马尔库塞文集》六卷本在国内的出版为马尔库塞的犹太性提供了更为可靠的证明。在全集中，两篇与宗教有关的文章《马克思与新人性：一场未竟的革命》（收录于第六卷）、《宗教在社会变迁中的作用》（收录于第五卷）表明了他对宗教的看法。其中，前者来自天普大学宗教学系于 1969 年发起的会议"马克思主义、宗教与自由传统"，该会议试图"探索宗教与马克思主义之间的联系，对反抗马克思主义当权派并融合了革命人道主义的反对派与利用资本主义、共产主义当权派的宗教进行比较"②；后者则是马尔库塞 1969 年 4 月 25 日于美国康涅狄格州哈姆登市犹太会堂的演讲内容，该讲稿此前从未公开发表过，它是马尔库塞文集的编者在整理其著作过程中的新发现。与过往印象大不相同的是，马尔库塞与犹太教神职人员之间过从甚密："我们在马尔库塞的私人文件中发现了一系列他与教堂拉比罗伯特·古德伯格（Robert Goldburg）的往复书信，它们表明马尔库塞不仅先前曾在教堂做过演讲而且还是拉比

① 程巍：《否定性思维——马尔库塞思想研究》，北京大学出版社，2001 年，第 8 页。

② ［美］赫伯特·马尔库塞：《马尔库塞文集》第六卷《马克思主义、革命与乌托邦》，高海青、连杰、陶锋译，人民出版社，2020 年，第 440 页。

的好朋友。”[①] 不得不说，这一发现对于我们思考马尔库塞身上的犹太性具有重大的启发，至少说明了马尔库塞与犹太教之间现实的、具体的关联。此次演讲思考通过复兴宗教中的异端因素来保持一种对资本主义制度下人的状况的批判性维度，即马尔库塞对宗教的研究是立足于对资本主义社会的反抗，是为了现实政治革命的推进。那么，马尔库塞对宗教的研究能显示出他身上怎样的犹太性呢？

在此，马尔库塞表现出将政治革命与宗教结合起来的激进主义。他在此前已经认识到宗教的二重性，即统治形象与解放形象之间的悖论性质，宗教一方面通过许诺来世来教人对现实顺从和忍耐，从而导致了反抗的消逝；另一方面又保留了理想社会情境的幻象，这种幻象有助于刺激对现实的不满和反抗，有助于一种革命激情的保存。马尔库塞倡导对这二重性之中的“解放形象”进行挖掘，利用这一形象保持一种对技术理性统治下资本主义现实的“否定性”向度，以此来对抗单向度社会的吞噬和同化作用。马尔库塞的这一思想从马克思主义的传统脉络上来看是对马克思宗教观的继承，马克思对宗教作用的看法本身就是高度辩证的：“马克思并不仅仅否定或拒绝宗教，或仅仅将宗教理解为精神麻醉剂。只要社会的精神和身体的压迫仍然存在，只要改变这种压迫条件的力量还存在，宗教作为‘无情世界的心境’的一面就是需要的。”[②] 马克思的这一看法在马尔库塞那里得到了深化和发展。具体来看，马尔库塞主张“把马克思主义与不同的西方

① ［美］赫伯特·马尔库塞：《马尔库塞文集》第五卷《哲学、精神分析与解放》，黄晓伟、高海青译，人民出版社，2020 年，第 260 页。

② 朱彦明：《马尔库塞论宗教的革命作用及其理论困境》，《基督教学术》，2019 年第 1 期，第 244—245 页。

传统关联起来，与异教运动关联起来"[①]，即通过宗教的联合形成一股反对资本主义的力量，对资本主义进行挑战。马尔库塞从过去的激进的异教徒运动中汲取了灵感，认为这些运动的反抗力量——自十二三世纪以来的"基督教的自由主义趋势、自由主义的人道主义、自由之灵弟兄会（Brothers of the Free Spirit）、以东人（Edomites）等等"[②]——具有深刻的政治实践的意义，即作为异端的宗教具有"批判和抵抗现实的力量"[③]。

在此，马尔库塞从宗教对激进政治作用的角度来探讨宗教的意义，并未单独将犹太教作为理论探讨的重心。在这一探讨中，他的观点可以归结为政治批判需要宗教批判来弥补，而这一观点的得出深受与犹太救赎观念相近的乌托邦激进主义的影响。犹太社会学家布洛赫于 1918 年写作的《乌托邦精神》一书整整影响了一代人，它与卢卡奇的《历史与阶级意识》齐名。该书的哲学宗旨是"以乌托邦为武器，唤醒人们内在的精神力量，达到自我超越和人类救赎"[④]。与此同时，该书还明确指出了唤醒乌托邦精神需要通过内在和外在两条道路："通过内在的道路达到自我面对，再把内在的精神力量转化为外在的，同外部力量的种种敌人战斗，使世界成为我们的家园。"[⑤] 这种内在道路的观念与卢卡奇的思想有相通之处，而更重要的是内、外两条道路的主张所

---

① 朱彦明：《马尔库塞论宗教的革命作用及其理论困境》，《基督教学术》，2019 年第 1 期，第 243 页。

② ［美］赫伯特·马尔库塞：《马尔库塞文集》第六卷《马克思主义、革命与乌托邦》，高海青、连杰、陶锋译，人民出版社，2020 年，第 445 页。

③ ［美］赫伯特·马尔库塞：《马尔库塞文集》第六卷《马克思主义、革命与乌托邦》，高海青、连杰、陶锋译，人民出版社，2020 年，第 243 页。

④ 梁有存：《浅谈布洛赫的乌托邦思想》，《中共乐山市委党校学报》，2015 年第 4 期，第 34 页。

⑤ 梁有存：《浅谈布洛赫的乌托邦思想》，《中共乐山市委党校学报》，2015 年第 4 期，第 34 页。

给予马尔库塞的启发。所谓的外在道路，主要指的是马克思意义上作用于社会整体的革命，是从外部进行变革的道路，而内在道路则指主体自身意识水平的提升。可以认为，马尔库塞在《爱欲与文明》《单向度的人》以及《审美之维》当中主要是从“内部革命”的角度展开批判的，即他认为若要开展外部革命，首要的是“内部革命”这一基础性工作的完成。

马尔库塞 60 年代的思想被认为与布洛赫有着极为明显的关系，乌托邦精神的非现实性从辩证的角度看恰好能够作用于现实。有观点认为：“他把传统与现代、古与今重新结合起来，用乌托邦激进主义将之贯穿起来，这个思想明显受到了布洛赫的影响，即他不是把乌托邦看成是某种虚无缥缈的幻觉，而是理解它的具体化，思考它在现实中的实现。”① 换言之，他极力寻找否定资本主义现实、刺激革命的“异教因素”这一倾向，从根本上来说就是寻找乌托邦因素这一行动的具体化，可以说所谓的异教因素实际上就是乌托邦的功能对等物。乌托邦精神的品质是乐观的，是对未来的确信。在上述意义上，乌托邦精神是弥赛亚主义的替代，“乌托邦”一词宗教色彩较少且具有更大的普适性，能够与马克思主义较好地结合。正是由于布洛赫的乌托邦激进主义的影响，马尔库塞才能够在法兰克福学派整体上表现出悲观主义的情绪时保持一种革命的乐观主义精神，这一精神一直持续到他学术生涯的最后时刻。透过布洛赫的影响，马尔库塞认为在当前资本主义社会的环境下解放已经不可能，它“只能以乌托邦的形式存在”②。而如果从更广阔的历史视野来看，马尔库塞与布洛赫以及法兰克福学派其他成员的思想则都可以归为 20 世纪复兴

① 朱彦明：《马尔库塞论宗教的革命作用及其理论困境》，《基督教学术》，2019 年第 1 期，第 247 页。

② 朱彦明：《马尔库塞论宗教的革命作用及其理论困境》，《基督教学术》，2019 年第 1 期，第 247 页。

的“现代弥赛亚主义”的范畴。[①] 这一范畴“代表了对资本主义的浪漫色彩的批判，代表了思考解放的一种新维度。它把历史时间与救赎关联在一起。历史的过去和现在，存在着没有被完全物化的乌托邦意象，这正是解放的因素‘尚未’”[②]。

上述分析指向了一种可能性，即影响马尔库塞身上犹太性的东西从根本来看是一股颇具力量的政治弥赛亚倾向。布洛赫，甚至马克思，都不过是这股倾向所引发的潮流的一部分而已。那么，这股倾向究竟从何而来？不同的犹太学者对之做了不同的阐发。历史学家雅各·莱布·塔尔蒙认为，与18世纪弥漫着理性主义气息所不同的是，19世纪弥漫着弥赛亚气息：“该弥赛亚是一个普世的信条，基于一种历史单一的理论和人类团结联合的意象。”[③] 他在这里分析出欧洲18、19世纪政治氛围的巨大差别，18世纪早期弥漫着的个人主义在迈向19世纪的过程中逐渐被一种集体主义的政治弥赛亚倾向代替，一种对社会秩序进行整体性改革的期待逐渐弥漫开来。在此，塔尔蒙极为关注犹太教中的弥赛亚思想，他认为“弥赛亚的宗教思想带成了天启和历史千年运动的灵感，并以一种不同的方式和形态，为社会主义的信念和把革命作为最后历史救赎阶段的期盼铺设了道路”[④]。也就是说，弥赛亚思想与革命的观念之间有着切实的关联。19世纪的政治弥赛亚逐渐演变为两支不同的力量，塔尔蒙将这两支力量区分为革命弥赛亚和民族弥赛亚，而前者即革命弥赛亚对20世纪的犹

① 参见朱彦明：《马尔库塞论宗教的革命作用及其理论困境》，《基督教学术》，2019年第1期，第249页。

② 朱彦明：《马尔库塞论宗教的革命作用及其理论困境》，《基督教学术》，2019年第1期，第249页。

③ 秦晋婷：《塔尔蒙极权民主学说研究》，华东师范大学硕士学位论文，2013年，第52页。

④ 秦晋婷：《塔尔蒙极权民主学说研究》，华东师范大学硕士学位论文，2013年，第46页。

太知识分子具有深远的影响。理查德·沃林（Richard Wolin）认为："如果挖掘表层下面，人们就会发现，在马尔库塞的政治思想中，他对犹太弥赛亚主义传统的继承，这是第一次世界大战时期中欧犹太知识分子的通行仪式。"① 即在他看来，犹太知识分子对弥赛亚主义的接受在20世纪初很具有典型性。有理由认为，沃林在此所说的犹太弥赛亚主义传统与塔尔蒙所说的革命弥赛亚在所指上可能有着某种程度的重合。塔尔蒙认为，革命的弥赛亚带有"对不可避免的、预设的整体社会变革的期盼"②，这一倾向最先发源于法国大革命，永久的革命信念是其显著的标志：

> 用马克思的术语来说：这不是对于邪恶的反叛，而是一个对于邪恶本身的起义，绝不会结束，直到邪恶之邪恶被连根拔起，和谐的社会公正在原先的位置上建立。保持革命状态的权力和责任，发动内战，不是针对明确的权威，而是在事情的最本质部分，在邪恶的存在本身。在这方面，革命宗教的祭司并不效忠于现存的法律或机构的框架，或者至少不是他们的一部分。作为子孙后代的受托人以及所谓"真实"的人类或历史意志的执行者，他们服从的是另一种神意，即他们服从的是历史的意志。③

也即从法国大革命开始，为了社会公正而进行的革命具有了自明的合法性，邪恶尚存的社会情形能够成为革命的永久动力。现存的法律和机构的框架之合法性事实上是可以质疑的，正是对

---

① 朱彦明：《马尔库塞论宗教的革命作用及其理论困境》，《基督教学术》，2019年第1期，第249页。

② 秦晋婷：《塔尔蒙极权民主学说研究》，华东师范大学硕士学位论文，2013年，第51页。

③ 秦晋婷：《塔尔蒙极权民主学说研究》，华东师范大学硕士学位论文，2013年，第51—52页。

于邪恶本身的根除这一要求即对于终极正义的寻求，能够赋予世俗世界的革命以一种政治实践的价值，而这种对于终极正义的追寻与犹太教的思维并行不悖，即同弥赛亚降临之时一切苦难都得解除、一切正义都得伸张的期盼具有一致性。正是在此意义上，塔尔蒙认为革命弥赛亚是法国大革命这一传统的延续。与此同时，学者 David Ohana 的《塔尔蒙、肖勒姆以及弥赛亚的代价》一文对政治弥赛亚做了相关评价：

> 现代人的政治弥赛亚，使人们寄希望于用自己的双手去形塑世界，包括此世和即将到来的彼世。现代革命意识形态把旧的宗教渴望转化为世俗的、政治的概念，宗教被世俗化，变成历史，天国被替换为人间王国，超越的拯救被化身为普罗米修斯式的激情。它试图通过政治手段来实现一个历史中和谐的乌托邦，基于明确的人类自然天性的相关论述和理念，它所希望创造的并非当下所是的人，而是在合适的条件下应当是、将是的人。对现代人政治和教育的塑造，已经成为自法国大革命开始左派和右派共同的意识形态目标。①

从这一评价中，我们更加清楚地看到现代革命意识形态与宗教渴望之间的一种承续关系，即这里面有一个宗教世俗化的过程。不仅仅是革命的合法性本身得到了普遍的认可，革命行动即通过自己的双手去创造一个与现行世界不同的世界这样一种观念也获得了广泛的传播和接受。在这一过程中，唯一不同的是将宗教中彼世的天国或来世的美好幻景替换为现世的人间王国。而如果联系 David Ohana 在同一篇文章当中对宗教意义上“弥赛亚”的界定，宗教与革命之间的关联会表现得更加突出：

---

① David Ohana，J. L. Talmon. Gershom Scholem and the Price of Messianism，*History of European Ideas*，2008，Vol. 34，No. 2，p. 172.

> 弥赛亚是对最后阶段人类将趋于完美的一种信念，该信念相信一个决定性的、激进的改进将会取代人类、社会和世界现在的状况，最终达到一种终结的完全的历史解决。这种信念不同于古典时代或者东方文化中的时空循环的概念，弥赛亚对时空的设想是一个革命性的秩序变革将导致立刻而来的弥赛亚未来，或者说弥赛亚把时空设想为一个线性的进程，该进程从一个不完美的现在指向一个更好的将来状态。这是一种完全崭新的乌托邦式的计划，尽管有时它被认为是对过去黄金时代的一个回归（该回归可以被称为是恢复型的乌托邦）。在时空的最后阶段人类将达致完美的思想是弥赛亚的核心。①

从这一界定中，我们能看出弥赛亚观念对社会不完美状况的解决具有一种前所未有的激进性。它独特的线性时空观将历史的发展看作朝向一个最终的完美状态，而为了达到这一完美的终结，所必需的是一项“决定性的、激进的改进”。这种认为“有一种一劳永逸地解决全部社会问题的方案”的信念是激进变革的内在动力。客观来看，它与启蒙思想当中所蕴含的“理性规划能够解决所有问题”的信念有内在的一致性。甚至可以说，启蒙思想与之相比所缺乏的仅仅是非理性和狂热的激情。塔尔蒙认为，在法国大革命所掀起的波澜中，现代人在失去传统宗教信仰的同时，只不过是用“民主”代替了所失去的东西。民主成为新的信仰。

如果在这样一个背景下再来看马尔库塞的批判理论中的犹太性的问题，我们就会形成更加明确的认识，即他身上犹太性的存在几乎是确凿无疑的。对于“应该是，将是”的热情内在于犹太

① David Ohana，J. L. Talmon. Gershom Scholem and the Price of Messianism，*History of European Ideas*，2008，Vol. 34，No. 2，p. 170.

教的教义之中，也内在于他的演讲和作品中。马尔库塞的作品中多次提到“解放愿景”或“新愿景”概念，如果不从弥赛亚的角度切入，就无法理解这一概念对于其理论思考的重大意义。在《宗教在社会变迁中的作用》一文中，马尔库塞亦重申了宗教世俗化这一议题，可见，他对于从 18 世纪到 20 世纪宗教与革命之间的关系，尤其是这种关系在马克思主义当中的呈现有着清醒的认识。面对 60 年代美国社会资本主义制度下四处盛行的虚伪道德以及长久以来一直存在着的压迫，马尔库塞将 60 年代的学生运动与宗教的世俗化联系起来：“一场更宏大更深远的剧变在这里彰显着自身的存在——相比以往的变革，它的基础更加博大精深，可以说直抵造反青年的根基和本能。就这一过程，我们可以称之为宗教新的世俗化，但并非传统意义上的世俗化。我一开始所提到的宗教中进步的批判性要素现如今必须彻底地实现。”[①] 在这里，马尔库塞通过将青年反抗引入宗教世俗化的脉络当中来肯定这一反抗的意义与价值，但是青年反抗后来的失败表明对马尔库塞的观点需要更进一步的批判和质疑。

第二节　马尔库塞语言和艺术观的宗教维度

一、60 年代的语言批判和“新感性”思想

马尔库塞不同时期的语言观是理解其批判理论的一条进路，20 世纪 60 年代作为批判理论和政治实践都异常活跃的时期更是催生了他独特的语言观。可以说，在对语言使用的技术化倾向以

① ［美］赫伯特·马尔库塞：《马尔库塞文集》第五卷《哲学、精神分析与解放》，黄晓伟、高海青译，人民出版社，2020 年，第 265 页。

及 60 年代的分析哲学的批判中，马尔库塞延续了其理论思考的一贯倾向，那就是寻找对不合理的现实秩序的否定性向度。在《单向度的人》一书中，马尔库塞对操作原则支配下单向度的语言行为展开了激烈的批判。尤其是在“话语领域的封闭”一章中，他认为操作主义具有“使概念的意义等同于一套相应的操作”[①] 的特征，语词意义发展的可能性被阻断了，语言层面概念的超越性被消解了。具体来说，越来越多的技术化、功能化语言的广泛使用使得代表事物的语词被视为与事物的功能相同一，从而使得语词本身的意义空间受到压缩，进而导致语词无法生成否定性的意义向度，也无法进一步地概念化。从某种程度来看，这种科技语言的思维习惯是导致单向度社会的一个重要原因。马尔库塞对语言使用的这一现象深感忧虑，他认为语词与功能性的趋同从根本上而言是一个政治问题：“在这里，语言的功能化表示一种具有政治涵义的意义的省略。事物的名称不仅‘指明事物发生作用的方式’，而且事物发生作用的（实际）方式也限定和‘封闭’事物的意义，并把其他发生作用的方式排除在外。名词以一种专制的、极权主义的方式统治着句子，句子则变成为一个有待接受的陈述——它拒绝对其被编纂和断言的意义进行证明、限制和否定。”[②] 可以认为，马尔库塞在这里抨击了所谓的“话语的极权主义”，他在思考对现实的否定性的政治力量的同时，也在反思对资本主义现实的肯定性思维是如何运作的。考虑到马尔库塞曾拜海德格尔为师，在第二次世界大战期间也对纳粹的思想控制有所研究，我们不排除他对语言的看法受到了这两方面经历的影响。既然人是生活在语言中的，那么从语言的角度来思考

① ［美］赫伯特·马尔库塞：《单向度的人——发达工业社会意识形态研究》，刘继译，上海译文出版社，2017 年，第 74 页。

② ［美］赫伯特·马尔库塞：《单向度的人——发达工业社会意识形态研究》，刘继译，上海译文出版社，2017 年，第 75 页。

人的反抗性的消解就不可避免。

马尔库塞在阐明资本主义社会客观发生着的语言现象的同时，也对分析哲学和实证主义展开了激烈的攻击。分析哲学和实证主义都强调语言使用的纯粹性，其所发展的是对立于否定性思维的实证性思维。在维特根斯坦看来，让每一事物保持它现实的样子是哲学的任务，而他那句广为流传的名言也表明他更为关心客观实际的或说现实生活的领域，而对美学和价值这种主观性极强且很难达成一致意见的领域保持一种警惕。因此，维特根斯坦实际上是建立了一个摒除了一切幻想、超越以及否定性的“封闭的排斥外来干扰因素的自给自足的语言王国”[①]。维特根斯坦从一开始就摒除了哲学的超越性、否定性，这一倾向从后现代主义的角度来看具有一种拨开形而上学迷障的积极作用，但在马尔库塞眼里，概念本身的含混和复杂所容纳的超越现实事物本身的意义能够与现实形成一定的“距离”，而这一距离恰恰是一切种类的批判得以展开的基础和前提。马尔库塞所有的哲学尝试都可看作在寻求一种与现实形成距离从而能够批判现实的异质性存在，而分析哲学的研究思路恰恰使得语言层面与现实相疏离的异质性丧失殆尽。如果说“日常思维和语言的领域同哲学思维和语言的领域之间本来就存在着不可规约的差别”[②]，那么这种情形就只存在于否定性的哲学之中。马尔库塞认为，哲学意义上的词语的抽象性表明它仍未完成它的作用，它“在其历史延续性的范围内有一系列中间环节，命题可能有助于形成和指导一种实践”[③]，

① 张康之：《马尔库塞对语言哲学的批判》，《中国人民大学学报》，1998 年第 2 期，第 28 页。

② ［美］赫伯特·马尔库塞：《单向度的人——发达工业社会意识形态研究》，刘继译，上海译文出版社，2017 年，第 151 页。

③ ［美］赫伯特·马尔库塞：《单向度的人——发达工业社会意识形态研究》，刘继译，上海译文出版社，2017 年，第 151 页。

即命题和语词应当含有一种未完成性，正是这种意义的剩余能够导致事物朝向未来发展的可能性。而分析哲学在拒斥这一“意义剩余”的意义上可看作现行资本主义体制的同谋。因此，语言分析实际上是高度政治性的：“语言分析看来是远离政治的，专注于言论领域，声称维护语词的通常用法，反对模糊的和越轨的概念。然而，正是这一点规定了它在哲学传统中的立场，那就是反对同现行言论行为的紧张状态和矛盾状态，建立无矛盾的单向度和肯定性的思维方式。”① 无论分析哲学的出发点为何，它都在客观上造成了与资本主义的权力合谋的效果，而马尔库塞所要做的，则是极力维持语词和概念的形而上向度以及它朝向未来的引导现实行动的积极作用。

在这种对肯定性思维的语言批判之外，随着现实政治环境的变化，尤其是 1968 年之后激进政治的退潮，马尔库塞对语言的关注表现出阵地上的转移。如果说之前的语言批判针对的是语言哲学与既存体制之间的合谋，并且他是在对一种哲学派别展开批判的过程中展现出他的语言观，那么后来他把目光转向了文学艺术，直接从积极的方面考虑文学语言所具有的否定性向度。这一变化所立足的对于资本主义现存秩序的否定并未改变，具体表现在对“新感性”这一概念的提倡中。所谓“新感性”，就是对生命本能的合理升华，是想象与理性、高级能力与低级能力、诗歌与科学思维之间对立的消失，也就是对资本主义既定秩序下理性合理性的统治进行颠覆之后所达到的人的感受经验的彻底转换。② 这一阶段，马尔库塞已不再寻求现实革命的刺激因素，而是寄希望于通过经典的文学艺术作品来培养和找寻未来革命的主

① 张康之：《马尔库塞对语言哲学的批判》，《中国人民大学学报》，1998 年第 2 期，第 28 页。

② 参见［美］赫伯特·马尔库塞：《审美之维》，李小兵译，广西师范大学出版社，2001 年，第 68 页。

体。在此，马尔库塞强调了文学艺术中“形式”[①] 的作用。他认为，艺术的形式同时具有肯定性和否定性，即它一方面维持着现行的文化，另一方面又与既定现实相疏离。在此意义上，艺术的功能是辩证的，它与现实之间的关系是复杂的。在对艺术与现实的关系进行分析时，马尔库塞发展了艺术在这种复杂的辩证性中凸显出来的不可避免的否定性维度：“艺术所表现的美和崇高、快乐和真实，并非仅仅是一些来自现行社会的东西。无论艺术在多大程度上由普遍盛行的价值、品味和行为的标准、经验的限制所决定、塑造和引导，它都不只是也不同于对实然的美化和升华、消遣和验证。即使是最现实主义的作品也构建了它自身的现实：它的男人和女人、它的对象、它的风景、它的音乐揭示了那些在日常生活中尚未述说、尚未看见、尚未听到的东西。艺术是‘疏离的’。”[②] 这一对艺术的否定性向度的强调，与马尔库塞对宗教的否定性向度的挖掘何其相似？这种一分为二、辩证性地看待宗教和艺术的视角体现出他对黑格尔辩证法的运用。

可以认为，在对资本主义现实的否定这个意义上，艺术是宗教的替代，艺术仿佛是马尔库塞所找寻到的最后的希望。在艺术能够打破操作主义的意识形态控制的意义上，艺术最主要的类型之一——文学，具有彻底的对抗作用。文学所营造的那个世界对日常经验的陌生化处理、对语言的歧义性使用，使得对抗现实的激进意识得以保存。进一步说，在文学语言中，诗歌语言有着独特的地位，它的革命价值不可小觑：在日常语言与诗歌语言中存

---

① “形式”(form) 可以理解为俄国形式主义所讲的文学之为文学的那个本质，即“文学性”，它是就文学的自律性而言的。马尔库塞在《作为现实的形式的艺术》这篇文章中解释道：“我用‘形式’来指代那种把艺术规定为艺术——也就是说，从本质上（本体论上）不但有别于（日常）现实，而且有别于科学和哲学等智识文化的表现形式——的东西。”

② ［美］赫伯特·马尔库塞：《马尔库塞文集》第四卷《艺术与解放》，朱春艳、高海青译，人民出版社，2020 年，第 212 页。

在着巨大的鸿沟，而革命运动有可能在消除二者之间鸿沟的同时“消除日常语言的统治地位”[①]，即通过将诗歌统摄在革命的视野之下，会发现它对超越性的真理和价值的保存使它具有否弃现实的异在性。对于“新感性”所拥有的政治力量，可以从其崭新的语言所带来的对于感官经验的保护和对于理性的反抗中体现出来，对此，马尔库塞饱含激情地说道：“构想和引导这种重建工作的新感性和新意识，需要一种崭新的语言来改定和传导新的价值（语言在这里是广义的，它包括语词、意象、姿态、音色）。人们曾说，一场革命在何种程度上出现性质上不同的社会条件和关系，可以用它是否创造出一种不同的语言来标识，就是说，与控制人的锁链决裂，必须同时与控制人的语汇决裂。诗人才是完全的不妥协者的超现实主义纲领，在诗的语言中，发现了革命的语义学成分。”[②] 由此可见，“新感性”从语言角度而言的一个重要方面就是要构造新的语汇，以将个体拯救出旧的语汇所营造的意识形态幻象。

不得不说这一“新感性”就对艺术形式的推崇而言并不是一个全新的概念。欧洲文学理论近代以来就有注重形式的传统，而文学批评家苏珊·桑塔格更是在 1965 年就发表了《一种文化与新感受力》，首次提出了“新感性”这一概念。桑塔格提出要打破高雅艺术与通俗艺术之间的界限，运用新的艺术语言、新的形式去表现新的社会环境下人的情绪和感受，反对用理性对艺术作品的内容进行阐释。马尔库塞的新感性可视为在桑塔格观点的基础上赋予了其政治革命的功能。就反对技术理性对人的压抑、反对资本主义现行体制对人意识的麻痹而言，二人有着颇多相似之

① ［美］赫伯特·马尔库塞：《审美之维》，李小兵译，广西师范大学出版社，2001 年，第 107 页。

② ［美］赫伯特·马尔库塞：《审美之维》，李小兵译，广西师范大学出版社，2001 年，第 106 页。

处，只不过桑塔格更多的是关注艺术本身在新时代的发展和批评，而马尔库塞则是要为他的革命理想寻找突破口。就他将文学艺术看作能够在保存真理的同时对抗单向度社会的意识形态控制这一点而言，他实际上是继承了浪漫主义艺术自律性的观点。在浪漫主义那里，艺术的自律性还只不过是“面对其社会有用性时［艺术的］相对独立性”[①]，而马尔库塞的这一继承则表现为“从自律性中发现了艺术的另类反叛、颠覆和批判功能”[②]，即艺术的自律性成为其疏离于既定社会的基础。但是，这种所谓的反叛、颠覆又绝非是最理想的状态，在达至这一疏离的过程中，实际上也是为最终打破这种疏离做准备，即向事物的对立面发展和转化。在此，艺术的反叛只不过是一个具有过渡性质的中间环节，尽管它自有其本体论层面的价值。

更深入地考察，这种“新感性”有为未来革命培养历史主体的考虑，也就是说它的最终目标并不仅仅是保存当下个体的否定性，而是立足于那不知何时到来、只能以行动迎接其到来的革命，它具有强烈的政治性。但是在具体的现实中，它有关未来革命的允诺无法立即兑现，这导致它政治性的一面遭到了深深的质疑。所谓主体内在的本能革命，乍看起来局限在个体的内在性之中，无法立竿见影地展示出对现实的客观影响，这就显得像是马尔库塞已经向资本主义缴械投降了，他已经放弃了抵抗。事实上，对于法兰克福学派其他成员而言，他们所深深感受到的是一种悲观主义，放弃是在所难免的；但对于马尔库塞来说，由于受布洛赫的乌托邦精神的影响，以及早年研究德国艺术家小说的影响，可以说他的这种对内在性的回归只是一种表象，深究其真正动机，能看到这种仿佛逃避社会的行为当中所体现出的对集体生

① 转引自周宪：《审美现代性批判》，商务印书馆，2016 年，第 223 页。

② 周宪：《审美现代性批判》，商务印书馆，2016 年，第 227 页。

活、对人的社会性的认同。他认为艺术家以“艺术的名义”完全与社会脱节以致成为一个孤立的个体是错误的、非道德的，即便他本人对资产阶级的高雅艺术有很高的评价，甚至醉心其中，他也依旧不赞同那种丧失社会性的个体存在方式。

根据道格拉斯·凯尔纳的分析，马尔库塞早在博士学位论文《德国艺术家小说》里就已经对浪漫主义者的生活方式进行了辩证的研究，这一研究也可以看作马尔库塞为自己将来的生活方式进行选择时所做的考察。其中，他在每一个章节中都审视了一种类型的艺术家小说和艺术生活，紧接着又分析了此种小说或艺术家的不足。最终，他揭示出所审视的每一种小说类型之间相抵触的立场以及每种小说自身所包含的矛盾性。正是这种辩证的眼光使他在分析德国艺术家小说的过程中体现出了对浪漫主义明显的批判态度：“他对浪漫主义倾向于从日常现实中抽离出来，去创造理想的虚幻的世界，并浪漫地认为艺术家是人类现实的最高形式提出了批判。”① 对此，他所提出的解决方案是要用现实主义来弥补浪漫幻想的不足，尤其是他甚为关注艺术家与“共同体”之间的关系。他在博士学位论文中给予托马斯·曼的生活高度评价，原因是托马斯·曼成功地融入了共同体之中，他这样写道：“出于道德的、社会的责任与姿态，托马斯·曼写下了《弗里德里希与大联合》（1914）以及《一个非政治人的反思》（1918），还有田园诗《主人与狗》及《童谣》（1917），这些都是‘获得重生的自发性’最纯粹的结晶：感恩地、自觉地沉浸在新赢得的生活的最简单的表象中，沉浸在共同体的幸福与和平中。艺术家回到了资产阶级的生活，重新与生活联系在了一起。”② 然而这种

① ［美］赫伯特·马尔库塞：《马尔库塞文集》第四卷《艺术与解放》，朱春艳、高海青译，人民出版社，2020年，第16页。

② 转引自［美］赫伯特·马尔库塞：《马尔库塞文集》第四卷《艺术与解放》，朱春艳、高海青译，人民出版社，2020年，第25页。

赞扬实际上是打了折扣的，因为他认为歌德在魏玛社会中找到的共同体以及戈特弗里德·凯勒在瑞士城邦中找到的共同体，都要优于托马斯·曼所找到的这个资产阶级的共同体，托马斯·曼的这个共同体“太过强调个人主义、自我本位，并且有着太多的局限性”①。在此，马尔库塞紧接着给予共同体问题辩证性思考，他认为对德国艺术家小说而言，“共同体不是某种给定的东西，而是某种被放弃的东西，是某种要争取的东西（etwas Aufgegebenes）”②，即共同体并非给定的存在，人能够通过现世的行动改变共同体的既定存在甚至创制一个新的存在。这里可以明显感觉到马尔库塞身上内化了的弥赛亚倾向，即一种与马克思类似的对理想社会的希冀。

在考察了一系列此类题材小说的解决方式之后，马尔库塞最终的落脚点是艺术家应当与社会和解，应当融入共同体中。乍看之下，他的这一倾向与20世纪五六十年代对既定社会压抑性的“大拒绝”以及对激进社会变革的呼吁非常矛盾，但是，如果深入到其理论逻辑的内部，就会发现这前后两种思维之间实际上具有内在的一致性。也就是说，他后来的对激进社会变革的要求实际上是出于对艺术家融入社会的考虑。在他看来，浪漫主义的愤世嫉俗、波希米亚艺术家的特立独行，他们与社会的激烈对抗乃至完全脱节最终只能造成其自身的毁灭，也就是个体意义上人的悲剧。作为个体的人应当融入社会。只有将社会变革得更加尊崇本真意义上的人，人对社会的融入才不会感到过分困难，人才能得到最终的幸福。如果说在托马斯·曼生活的时代，艺术家还是能够凭借自己的艺术才能及不懈努力找到融入社会的方式，那么

① ［美］赫伯特·马尔库塞：《马尔库塞文集》第四卷《艺术与解放》，朱春艳、高海青译，人民出版社，2020年，第26页。

② ［美］赫伯特·马尔库塞：《马尔库塞文集》第四卷《艺术与解放》，朱春艳、高海青译，人民出版社，2020年，第26页。

在资本主义发展到彻底的消费社会阶段，尤其是在技术理性已经无孔不入的战后美国社会，这种融入显得愈发不可能。资本主义文化内部的矛盾愈演愈烈——资产阶级传统文化与物质主义和技术理性所主导的社会结构之间的矛盾已经无法调和，携带传统文化和价值的个体在战后资本主义制度的结构中显得格格不入。

但即便情况已经发展到了这种地步，马尔库塞依旧没有放弃他所秉持的人与共同体之间关系的看法。在他那含有弥赛亚意味的解放的愿景当中，人与人不是孤立和隔绝的，人与社会不应当是对立的。也就是说，从价值判断和人生选择的意义上来看，马尔库塞本人无法接受在与社会相对抗的过程中自我毁灭的命运，他无法从根本上认同这一生活风格的意义。对他而言，个体的人与共同体之间的关系能够带来一种归属感和满足感，因此，重要的不是彻底斩断这一联系，而是要在将这个共同体打造成一个非压抑性的合理存在的基础上构建人与共同体之间的有机联系。正是在此意义上，我们可以说马尔库塞是浪漫主义的批判者，他的身上有着强烈的融入社会、融入现实生活的积极性。他认为未来幸福生活的愿景不应当是人与社会殊死的对抗，而是人在共同体当中成为有价值的、充满尊严的存在，也即要达到个人的自我实现。这一背景提示我们，在看待其后来的美学理论时应避免单纯地将之当作一种对现实的逃避，诚如道格拉斯·凯尔纳所言："马尔库塞批判性地描绘了那种出现在艺术家审美理想中的'歇斯底里的非道德性'，并强调了福楼拜、左拉、易卜生和其他试图践行这种理想的艺术家的悲剧。因此，与那些指责他是唯美主义的人相反，他从第一部主要作品开始就对审美逃避主义持批判态度。"① "歇斯底里的非道德性"这一批评显示出他对"艺术

① ［美］赫伯特·马尔库塞：《马尔库塞文集》第四卷《艺术与解放》，朱春艳、高海青译，人民出版社，2020 年，第 21 页。

家”这一身份所指向的那种看待生活的极端浪漫化以及对任何集体性人类活动的排斥的怀疑态度。在这一点上我们很容易将之与犹太典籍当中对现世生活的强调、对集体生活中伦理的看重联系起来。

二、拉比犹太教释经法中的“平行逻辑”与“激辩”传统

尽管马尔库塞所借鉴的思想资源早有定论，但是从整体上反映出来的语言非工具论的倾向启发我们从犹太教的影响着手来看待这一语言观。尤其是在“新感性”思想中，马尔库塞虽然颇为看重艺术作品的异在性和超越性，甚至可以说将艺术当作一个独立、自足的领域，却对文学作品以外的其他艺术形式甚少提及。就相信以语言为媒介的文学能够更新人的感性而言，他对新感性的提倡暗含着一种对语言文字的崇拜。实际上，从反对语言哲学取消词语的模糊性、形而上学性到主张文学艺术对主体感受方式的刷新，这中间具有一脉相承的联系，这二者可看作同一种语言观不同方式的呈现。有学者认为，这种对语言的重视与犹太教中对文字的崇拜以及对文字释义多重性的看重有着密切关联。甚至可以说，马尔库塞早年对浪漫主义文学的喜爱极有可能也得自犹太教对经文独特的释义方式的影响。

海德格尔曾讲“语言是存在之家”，作为一个生长在犹太家庭的中产阶级子弟，犹太教经文对他的影响不可估量。“犹太教之所以在漫长的岁月里一直起着一种文明的作用，是因为它在孩子生下来的第一年就开始进行教育这项独有的‘专利’。任何一种处于竞争时期的文明都不会在儿童身上反复灌输别人家的传统

和习俗。”[①] 而这种从一出生就施加在儿童身上的教育从内容上来看主要是犹太教的“妥拉”[②]，即成文妥拉和口传妥拉。妥拉（Torah）是希伯来文的音译，指“教导、教诲、指引”[③]，妥拉通常翻译为“律法”，而犹太人把它译作“Teaching”，即教导。其中，成文妥拉指摩西五经、先知书和圣著，口传妥拉包括《塔木德》《米德拉什》等著作。这两类妥拉无疑形塑了犹太人的信仰和伦理，在犹太人的日常生活中，复习和思索妥拉是经常性的：“今天的犹太人可以慢跑，中世纪（和近代）的欧洲犹太人却很不幸地常常要奔跑逃命，古代犹太人也许在自己的葡萄园踱步，同时分分秒秒沉吟思索他的妥拉，无论他是‘走在路上，躺下，起来（申 6：7）’。这是一个对圣经醉心着迷的民族。这样描述虽然理想化，却也许跟现实相去不远。”[④] 从这一表述中能感觉到犹太圣经对犹太人的影响是潜移默化的，它具有极强的文化渗透力。

口传妥拉中的《塔木德》和《密释纳》都是对经文的阐释性的内容，在这种影响中，在个体吸收这些经文的同时，犹太释经法也会在观念上深刻地影响个体对语言文字意义的看法。与此同时，成文妥拉作为具有实体性的典籍更是直观地传递了圣经语言之意义的不可穷尽性。历代的拉比[⑤]们都竭尽全力让读者明白经

---

① ［美］摩迪凯·开普兰：《犹太教：一种文明》，黄福武、张立改译，山东大学出版社，2002 年，第 225－226 页。

② “妥拉”与“托拉”同义，是犹太教经典的泛称，不同译者对该词的翻译有细微的差异。

③ ［美］博恩澈：《研读妥拉：犹太深度释经法入门》，林梓凤译，同济大学出版社，2015 年，前言第 2 页。

④ ［美］博恩澈：《研读妥拉：犹太深度释经法入门》，林梓凤译，同济大学出版社，2015 年，前言第 2 页。

⑤ 拉比（Rabbi），犹太人中的一个特殊阶层，是有学问的学者，系统学习过《塔纳赫》《塔木德》等犹太教经典，在犹太教中负责执行律法和主持宗教仪式。2～6 世纪时“拉比”曾是口传律法汇编者的称呼。

文的合理意思，并且他们“能寻索出妥拉文字各层的意思”[①]。一种被希伯来文称为“大圣经”的经文摘录了不同时代不同国家的注释家的典籍选段，不同解经家的观点在印刷书的一页上济济一堂，这一事实将圣经语言的多义性展现得淋漓尽致。美国犹太心理学家博恩澈（Avigdor Bonchek）就描绘了这种感受：“我特别着迷于这个文本本身，就是 *Torah Sh'Bichtau*，成文妥拉，着迷于其中的文字。这些文字蕴含取之不尽、生生不息的宝藏。我不管研读成文妥拉和注释书多少遍，都依然找得到新异的亮光、精微的妙处、透辟的发现、深刻的道理，不知怎的，是我从前每次努力解读都察觉不到的。”[②] 博恩澈所描述的这种对于希伯来圣经多义性的玩味是单纯从学术的角度而言的，他在一种释经的精神生活中体验到巨大的乐趣。

事实上，如果更为细致地追究，会发现这一对语言多义性的推崇与拉比犹太教对文字释义多重性的看重有着密切关联，具体来说，则是与犹太传统经典的整理和阐释有关。从历史上看，近代以前犹太教的发展可分为圣经犹太教和拉比犹太教两个阶段。圣经犹太教即公元 70 年以前的犹太教，这一时期的宗教权威是上帝，上帝说过的话被奉为经典。从公元 70 年到近代，是拉比犹太教发展壮大的时期，拉比犹太教的权威则是文本。这种从具有神性的上帝到文本的转换有着深刻的历史和政治原因：由于第二圣殿被毁，拉比犹太教认为“神明已经远离世界，留在世界上的唯一能代表神明力量的就是宗教文本，也就是神当年在西奈山

① ［美］博恩澈：《研读妥拉：犹太深度释经法入门》，林梓凤译，同济大学出版社，2015 年，第 3 页。

② ［美］博恩澈：《研读妥拉：犹太深度释经法入门》，林梓凤译，同济大学出版社，2015 年，前言第 3—4 页。

上传授给摩西的两部《托拉》”[1]。这一转移导致宗教权威事实上落到了注解和阐释《托拉》的犹太拉比们手中。事实上，拉比犹太教的经典是对《托拉》的阐释以及对这种阐释的再阐释。在这些经典中，具有开创和奠基意义的则是《密释纳》，它是拉比犹太教“口传律法经典的核心著作”[2]，可谓开启了犹太教新典籍创造的大门，成为圣经犹太教向拉比犹太教过渡的重要标志。后来的拉比犹太教经典都是由《密释纳》衍生而来的，可以说，《密释纳》与后来的这些作品的关系是一种类似于“种子与树木”的关系。例如，《巴比伦塔木德》和《耶路撒冷塔木德》这两部塔木德是对《密释纳》的注解，而《巴拉伊塔》则是对《密释纳》的补充[3]。

作为首次将口传律法经典化的成功尝试，《密释纳》为口传律法设立了新的框架，即一种新的看待经文的眼光——“平行逻辑”原则。这一原则将歧义性看作文本的一种标准特征，正是这一新的看待文本的眼光打开了对同一文本多重释义的可能性。在这一认识原则的统摄下，《密释纳》进一步放开了解释律法的权限，它表现为对口传律法解释的权利并不仅仅把握在少数具有特权的宗教权威的手中，一般的拉比犹太学者乃至宗教学生都能够对律法提出自己的见解和疑问，并经过辨别和筛选后进入经典，成为《托拉》的一部分。[4] 尽管文本的歧义性对于今天的学者来说并不是一个陌生的命题，但是《密释纳》中所体现出的文本歧

---

① 傅有德：《密释纳（第1部）：种子》，张平译注，山东大学出版社，2012年，第79页。

② 傅有德：《密释纳（第1部）：种子》，张平译注，山东大学出版社，2012年，第1页。

③ 傅有德：《密释纳（第1部）：种子》，张平译注，山东大学出版社，2012年，第77页。

④ 傅有德：《密释纳（第1部）：种子》，张平译注，山东大学出版社，2012年，第77页。

义性的标准还是令人颇为惊骇，因为歧义在这里已经成为一种有目的的编排："《密释纳》的歧义篇章不是因为编排时的疏忽而造成的错误，也不是材料本身的歧义而造成的编者的无可奈何的选择，而是编纂者有目的的、有意识的编纂方式。"[①] 具体来看，它与希伯来圣经仅此一点就形成了强烈的反差：圣经当中并没有大量有歧义的段落，仅有的歧义段落在章节上也相隔较远，而且这种歧义很大程度上是由叙事角度的不同造成的，因此可以看作不同叙事之间的"缝隙"；而《密释纳》则是"有意识地把不同意见放在同一节中，且不收上下文，只是极其简练地把观点不同的一两个句子乃至一两个词汇并列出来，给人一种专门去放大差别的印象"[②]。更为离奇的是，《密释纳》的编纂者在将各种不同意见收罗进经典的过程中并未给出取舍的标准，即各种各样不同的观点是没有主次轻重地被罗列出来的。这尽管彻底贯彻了所谓的"平行逻辑"原则，却还是令人感到迷惑不解，因为在确认什么可以列入经典的过程中必然要确立某种标准才能进行相应的筛选。至此，由于对不同的文本解释的包容性和鼓励，《密释纳》形成了一种独特的开放性特征：

> 《密释纳》文本的开放性指的是《密释纳》对待歧义文本的无头无尾的态度——不仅不解释这些争论的来源，而且不讨论争论的结果，很少给出表明正误的判断，而只是用一种宣示的态度，把不同观点罗列出来。这样一种特征使得《密释纳》文本具有一种独特的开放性，一种对参加讨论的积极邀请精神——不仅邀请你来探讨各种观点的优劣，也邀

---

① 傅有德：《密释纳（第 1 部）：种子》，张平译注，山东大学出版社，2012 年，第 67 页。

② 傅有德：《密释纳（第 1 部）：种子》，张平译注，山东大学出版社，2012 年，第 67 页。

> 请你来探寻各个观点内在的逻辑，以及每场争论背后的故事。这种文本的开放性特征为后代《塔木德》的发展提供了优厚的条件。从这个方面说，《塔木德》封闭了《密释纳》一部分的开放性，也就是加上了对各种观点的内在逻辑的分析，记录了不同观点发生争执时的对话，但《塔木德》同样没有去替律法收尾——没有去判断哪些是“正确的”，哪些是“错误的”。①

无论《密释纳》这种鼓励歧义性理解的开放性特征基于怎样的历史原因，它都在事实上导致了后来的经典对文本多义性这一观念的继承，进而导致了对文本的崇拜。在这里，歧义性被当作文本的一个正面价值接受了下来。这种对文本的推崇对于我们来说有种似曾相识的感觉，究竟在哪里遇到过呢？没错，就是德里达对语言和文字之间关系的解构。德里达认为西方哲学在过往的历史中将语言视为比文字更加重要的具有中心地位的事物，语言比文字更加接近真理，文字因具有歧义性而仅仅是语言的附属品，这就是西方学界长久以来的“逻各斯中心主义”或说“语音中心主义”。德里达通过他的解构策略表明，语言对文字的优先地位并非天然的，而是通过设立前者的优先性迫使后者从属于它，二者之间有一种人为的等级秩序。在颠倒这一等级秩序的意义上，他认为文字比语言更具优先性，“延异”是具有普遍意义的存在。正是在此意义上，他的观点无疑与拉比犹太教传统中对律法解释的开放性、对文字具有歧义本性的观点有着极大的相似性。拉比犹太教认为，神是完美的，而人不可避免地具有片面性，神之所言包含最终的真理，但作为个体的人单凭一己之力永远也无法抵达那个真理的所在。只有在无数解释共同进行的这种

---

① 傅有德：《密释纳（第 1 部）：种子》，张平译注，山东大学出版社，2012 年，第 68 页。

逼近真理的过程中，真理才能够获得。解释的角度越多，即将文本的歧义性发挥得越彻底，就越能接近神的意旨。正如 David Charles Kraemer 在《塔木德的心灵》(*The Mind of the Talmud*: *An Intellectual History of the Bavli*) 一书中所讲到的："任何一个单一的解释都只理解了真理的一部分，不同的阐释永远是需要的。因为任何一个阐释都可能包含了真理的一个颗粒，因此即使是那些由于实用原因而遭到拒绝的观点也应该得到保留并对其独特的智慧进行学习。"① 可以说，神的完美性所导致的神言的完美性与人类的不完美性是支撑这种观点的深层逻辑。神言的完美性反映在具体的方面就是文本的权威性和自足性："对于《密释纳》来说，文本的自足使编纂者拥有较强的自信，因此可以毫不犹豫地容纳相互冲突的观点，而且不加评判，留给学生们作为培养分析能力的课本。"② 考虑到德里达信仰犹太教，就不难想象他从《密释纳》《塔木德》这样的口传托拉中获得了怎样的启发，进而将之与解构哲学融为一体。

除了对文本的重视、对文本多义性的推崇，拉比犹太教所特有的这一"平行逻辑"原则还导致了"激辩"这一学术传统。所谓"激辩"就是指在经典的学习过程中结交益友，与之相切磋、辩论的特殊学习方式。在拉比犹太教看来，经典的学习应当是一种集体行为，既要在与良师的互动中、在仿若父子关系的一种爱护与关照中习得律法教义，又要在与益友的对话、辩论中发展自己解读文本的思维。"'激辩'一词的希伯来语原文是 pilpul，词根的本意是'调味品'，引申为观点之间的对话与对抗，本身具

① 转引自傅有德：《密释纳（第 1 部）：种子》，张平译注，山东大学出版社，2012 年，第 37 页。

② 傅有德：《密释纳（第 1 部）：种子》，张平译注，山东大学出版社，2012 年，第 86 页。

有一种在对抗中相辅相成的意味。"[①] 从拉比犹太教发展的历史来看，"激辩"这一学术传统是《密释纳》中所体现出的"平行逻辑"原则在现实的经典学习中导致的必然结果，事实上，它也在之后的拉比犹太教中占有愈发重要的学术地位。到了后来《巴比伦塔木德》的年代，"激辩"已经成为一种主要的思维方式，也就是"一种追求对同一文本的不同解释的最大化效应，尽可能地寻找歧义，并对歧义之间的异同进行辨析"[②] 的研习方式。在"激辩"这一学术传统越来越占据主流的形势下，经文中有争议的律法的数量越来越多。最终的结果是，近一半的律法达到了"每条必争、每条必辩"的地步。因此可以说，"平行逻辑"不对双方做价值判断的态度在事实上鼓励了一种"为争辩而争辩"的精神。在这一精神的指引下，人们可以最大限度地发挥自身的智力，穷尽文本的一切可能性，从而为最优方案、最佳解释的出现奠定基础。在这个意义上，可以认为拉比犹太教的所有经典都是"平行逻辑"的产物。就对文本歧义性的推崇这一项而言，拉比犹太教释经传统中的这一"平行逻辑"可谓是推向了极致。

三、从"平行逻辑"到单向度社会中革命的否定性思维

可以想象，《密释纳》和《塔木德》中"平行逻辑"的释经原则、"激辩"的学术传统以及文本具有权威性这样的观念将会对犹太家庭的子弟们产生怎样的影响。对于《密释纳》的编纂者来说，见解的"不同"本身就是价值之所在，它无须任何论证和说明。如果说在拉比犹太教中对律法的不同解释受到鼓励，那么

① 傅有德：《密释纳（第1部）：种子》，张平译注，山东大学出版社，2012年，第36页。

② 傅有德：《密释纳（第1部）：种子》，张平译注，山东大学出版社，2012年，第36页。

在马尔库塞这里，这一意识改换了面貌，变成了对现实世界不同维度的理解和感知的鼓励。而这两者间不同的是，这一转换过程中加入了政治的维度，所谓鼓励不同的解释实际上是为了反对既定资本主义秩序对人意识的麻痹和腐蚀。“不同的解释”本身就是一种有力的政治力量，它是反抗单向度社会中“单向度性”的武器。在此，如果说《密释纳》所体现出的是一种彻头彻尾的“平行逻辑”原则，它以令人难以置信的宽容态度包容所有可能的解释，而《塔木德》在这一原则的基础上开始需要对解释进行辩护，也就是需要论证其合理性才能够将之收入经典，但它仍然不去做正确或错误的价值判断，那么到了马尔库塞这里，情形就发展为对解释进行辩护的理由已经预先得到了设定——唯有能够拯救单向度思维的解释才是需要得到辩护的，只要是能够对抗不合理现实的理解模式都是值得借鉴的，也就是说，对解释一开始就进行了价值判断。顺着这个逻辑来思考，就能够理解马尔库塞之所以提倡“新感性”，从本质上而言是为了保护对文本进行多重解释的个人化的主体。

马尔库塞随时都在寻找能够构成革命潜能的事物，犹太释经法所体现的语言观经他吸收之后能够突破单纯的学术的界限，进入政治的领域，成为潜在的政治力量。甚至可以猜想，马尔库塞所谈到的高级文化（high culture）与社会现实之间必要的距离这一观点也是引申自这种语言观的，因为语言的多义性本身就蕴含着其与现实之间构成距离的可能性，概念作为具有生成性的词语能够远超现实事物既定的规定性，从而引导现实朝向某一特定的目的，或对现实展开批判。换句话说，犹太经典当中所蕴含的语言观对马尔库塞的影响可能比现如今所认识到的要重要得多。如果更大胆地猜想，可以说连他对黑格尔否定性哲学的接受在基于革命之思考的同时，也基于对语言多义性所造成的与现实之间永久张力的思考。这一猜想并非毫无根据，哈贝马斯已经在研究中指出了犹太教观念与影响德国观念论的新教思想之间的关联，马尔库塞作为既有犹太教背景又研习德国哲学的知识分子不可能对此没有觉察。具体来讲，在犹太教经文中，上帝的戒律体现出一种对于思想或说理念的重视，它以格言的方式呈现出来："思想中先想到的，行动中最后落实（In work the last，in thought the first）。"[①] 在这里，可以把"思想"（thought）和"语言"看作具有同一性的，它们是理性意识的一体两面。按照利奥·拜克的解读，这句格言体现出在犹太教中上帝的意念里开端已经包含了终结的思想，也即他认为对这句话理解的重点应放在善具有哲学意义上的本源性，以及善是人的永恒实存的条件这一关键点上；但我们以为，这句话与黑格尔哲学当中"绝对精神"概念的相似性促使我们注意其中所暗含的理性或精神的否定性，即这句话由于预设了理念的先行性而同时具有了否定性——对现实的否定。就理念以语言的方式呈现而言，也可以说是语言对现实的否定性。这个例子粗略地展现了从犹太格言到否定性哲学的形成路径。

犹太教哲学家亚伯拉罕·海舍尔在研究犹太教中的启示的时候专门探讨了词不达意的预言，他认为在犹太教中解读先知的话所要秉持的首要原则就是牢记"事物和言辞具有多重含义"[②] 这一原则。在此，他所提炼出的犹太教语言特征与前文所谈到的马尔库塞的语言批判在逻辑上有着内在的一致性。就对启示的理解而言，海舍尔强调了宗教语言的独特之处。这一独特之处是在与科学语言的对比中呈现出来的，同时他也表明宗教语言与诗歌语言的近似性："信仰的语言只用了为数不多的词汇体现其精神，

---

① ［德］利奥·拜克：《犹太教的本质》，傅永军、于健译，山东大学出版社，2002 年，第 197 页。

② ［美］亚伯拉罕·海舍尔：《觅人的上帝：犹太教哲学》，郭鹏、吴正选译，山东大学出版社，2003 年，第 168 页。

它的绝大多数词汇都是从一般的人类经验中泊来的，并赋予其新的含义……科学用语要求明白、清楚、不模糊，对所有人都传达同样一种含义。然而，在诗歌当中，只有一个意思的词被认为是单调呆板的。一个恰切的词往往是那种能唤起许多意义的词，它必须能被在不同的层面上加以理解。科学语言所推崇的价值，用在诗意的表达中就是败笔。”① 宗教语言的这种特性连同拉比犹太教释经法中的“平行逻辑”客观来看与马尔库塞需要的否定性思维具有内在的一致性，它们都反对阐释的单义性，更不要说这种单一性所具有的权威性。如果说马尔库塞在《宗教在社会变迁中的作用》一文中强调的是宗教在保存解放愿景这一方面的积极作用以及由此而连带的对既定秩序的否定，那么有关“信仰的语言”的看法对他的启发则是，宗教语言、非实证性的哲学语言、以诗歌语言为代表的文学语言等一系列对意义具有开放向度的话语形式所能够开辟的新的体验向度。这么看来，马尔库塞对语言哲学的批判以及对“新感性”的提倡从根本上来说可看作对宗教之否定性向度不同侧面的挖掘。

亚伯拉罕·海舍尔还区分了犹太教语汇中的描述词与指示词，这一区分的目的是说明犹太教中指示词所具有的独特功能：“指示词还另有功用。它们所唤起的不是一个记忆而是一个回应（response），是从未听说过的一些观念，从前并没有完全意识到的一些含义。”② 事实上这一区分显示的就是马尔库塞意义上科学语言与宗教语言之间的差别。海舍尔的这一区分可以同马尔库塞在《单向度的人——发达工业社会意识形态研究》中所做的区分进行对比，试看海舍尔《觅人的上帝》中的下述观点：

① ［美］亚伯拉罕·海舍尔：《觅人的上帝：犹太教哲学》，郭鹏、吴正选译，山东大学出版社，2003 年，第 169 页。

② ［美］亚伯拉罕·海舍尔：《觅人的上帝：犹太教哲学》，郭鹏、吴正选译，山东大学出版社，2003 年，第 172 页。

> 上帝所说的话，不仅不少于而且多于文字所表达的实在……人的头脑中装有许多观念，有一些是意义明确并且是可以表达出来的，而另一些则是不可定义也无法表达的。与之相应，也有两种词语：一种是描述（descriptive）词，它们具有稳定而具体的含义，如具体的名词，桌子、椅子或科学词汇；另一种是指示（indicative）词，它们具有游移不定的不可言说的意义，相对于描述，它们只是暗示某些我们直觉到的但却无法充分把握的东西。比如上帝、时间、美、永恒，它们无法充分表达的内涵都不可能被忠实地想象或再现在我们的头脑之中。①

在这段话中，海舍尔重点强调了犹太教词汇两种基本类型中的后者——指示词，它因具有“游移不定的不可言说的意义”而将我们引入一个它所表征的实在，即超越单纯的定义本身的更多的内容。在此意义上，指示性的词比描述性的词更具宗教性，其存在提示着神性以及或神秘或崇高的体验。马尔库塞正是站在拥护指示性词语的角度对维特根斯坦的分析哲学的基本策略表示了深深的质疑。以下这段话从客观上看是马尔库塞在承认上述引文中描述词与指示词之间区别的基础上对分析哲学展开的批判：

> （维特根斯坦）简直是自我虐待地把言语降低为低下的、普通的语言，这种简直就是自虐式的还被编成了一种纲领：“如果语言、经验、世界之类的语词有一种用法，它就必须跟桌子、灯、门之类语词的用法一样低微。”我们必须“坚持我们日常思考的那些主词，不能走入歧途并想象我们必须

① ［美］亚伯拉罕·海舍尔：《觅人的上帝：犹太教哲学》，郭鹏、吴正选译，山东大学出版社，2003 年，第 170－171 页。

> 描述一些极难捉摸的东西……”——似乎这是唯一的选择，似乎“极难捉摸的东西”对于维特根斯坦的语言游戏不是合适的术语。而对康德的《纯粹理性批判》才是合适的术语一样。思考（或至少是其表达）不仅被束缚在普通用法之内，而且不能要求和追寻那些超出已存在东西范围的解释。①

马尔库塞的上述批判所呈现出的语言观在否定分析哲学回归日常语言的研究思路的同时，也是在肯定其对立面——对日常语言和经验进行超越的传统哲学。换句话说，哲学词汇的否定性很大程度上来自宗教性词汇中的指示词这一类别。在康德那里，尤其是《纯粹理性批判》中，他指出了抽象概念性质的词汇以及人类理性的穷究本性会引导人进入一种不能证实的幻象之中，这种幻象就人性而言是不可避免的，因此它虽然是幻象却也有存在的必要，他将之归入信仰的界域。也就是说，即便是康德本人也并未将形而上的思考方式彻底否定掉，而是为之保留了存在的余地，那么维特根斯坦又有什么资格这么做呢？马尔库塞在这里恰恰是抓住了拉比犹太教思维所鼓励的文本的多义性、不可捉摸性来做文章，他将之看作否定性力量生成的本源。在此意义上，分析哲学对歧义性的驱逐可看作“平行原则”这一犹太释经法的极端对立面，而作为犹太人的马尔库塞势必对之有更为切身的体会。因此，马尔库塞 60 年代的语言批判以及后来对“新感性”的提倡可以看作他从自身所拥有的犹太教文化资源中寻找否定性力量这一内在思维的现实表现。值得一提的是，尽管马尔库塞对语言哲学的批判涉及哲学，而“新感性”思想主要涉及的是审美和艺术，但是他在讨论这两方面的问题时始终是与批判理论相结合的，也就是着眼于解放的愿景以及激进的社会变革工程的。总

---

① ［美］赫伯特·马尔库塞：《单向度的人——发达工业社会意识形态研究》，刘继译，上海译文出版社，2017 年，第 150 页。

体而言，他对这两方面的思考从根本上是统摄于对语言所具有的否定性这一大的方面的。这就是我们集中讨论其语言观的一个重要理由。

第四章　阿伦特的“怕”与“爱”

友谊，是人与人之间因相互尊重和喜爱而产生的一种关系。西方世界的友谊理想主要来自古希腊，不仅在神话和传说中友谊被视为人类的伟大成就之一，而且哲学家们将其作为人类存有的美德之一。罗马人延续这一传统，从西塞罗的《论友谊》就可看出。他将友谊定义为：“对有关人和神的一切问题的看法完全一致，并且相互之间有一种亲善和挚爱。”[①] 西塞罗注意到友谊只能发生在好人之间，而且彼此关于人、神的一切问题看法一致。意见的统一是维系友谊的关键，一旦彼此意见相左，友谊的存在也就变得岌岌可危。布伯从宗教哲学的立场上理解友谊，他认为真实的人生皆是相遇。“‘你’与我相遇，我步入与‘你’的直接关系里。所以，关系既是被择者又是选择者，既是施动者又是受动者。”[②] 我与你的真实性都因相遇而成。

阿伦特（Hannah Arendt）与格尔绍·肖勒姆（Gershom Scholem）就是因偶然相遇相识的一对朋友。他们二人都是奥斯威辛集中营的幸存者。他们同为犹太人，为了保存战后犹太文化遗产和好友本雅明的文集，保持了长达 25 年的通信交往。通信交往的行动犹如一条细线将他们彼此相连，用以对抗日益支离破

---

① ［古罗马］西塞罗：《西塞罗三论：老年·友谊·责任》，徐奕春译，商务印书馆，1998 年，第 53 页。

② ［德］马丁·布伯：《我与你》，陈维纲译，生活·读书·新知三联书店，1986 年，第 26 页。

碎的世界。然而，他们之间的差异也是显著的，无论是性格、政治信念还是学术重点，两人的分歧从一开始就隐藏在彼此的交往中。肖勒姆是喀巴拉学术领域的先驱，阿伦特则是20世纪最受瞩目的政治哲学家，如此重要的两位思想家最后竟以决裂的方式结束他们的友谊，不禁令人感叹。如今，我们据两人的通信，重构两人的友谊关系，以此感受阿伦特不同于常人的“怕”与“爱”。

第一节　阿伦特与肖勒姆各自的学术背景

一、专研德国哲学的阿伦特

阿伦特在与肖勒姆第二次产生分歧时，针对肖勒姆说自己是德国左翼分子，阿伦特回信说：“我不属于‘德国左翼知识分子’……在我年轻的时候，我对历史和政治都不感兴趣。如果说我来自哪里，那就是德国哲学。”（第133封信）[①] 阿伦特的学术背景的确与德国哲学有莫大关系，她曾在访谈中坦言，自读了康德作品之后，她在14岁时就清醒地意识到要学习哲学。1924年阿伦特进入德国马堡大学学习，当时的德国哲学界主要有两大类别：一是各种科学主义，包括唯物主义、经验主义、实证主义等；二是各种新康德主义或形式主义，其中以巴登学派和马堡学派为代表。在马堡大学，阿伦特主修哲学，辅修神学与希腊语，并结识了海德格尔。从马堡大学毕业后她在弗莱堡大学度过了一

① Hannah Arendt, Gershom Scholem. *The Correspondence of Hannah Arendt and Gershom Scholem*. Marie Luise Knott, ed., Anthony David trans., Chicago University Press, 2017, pp. 205—206.

个学期，后来在海德格尔的引荐下跟随雅斯贝尔斯完成博士阶段的学习。海德格尔和雅斯贝尔斯是带领阿伦特进入德国哲学的引路人。阿伦特将自己置于行动哲学的传统中，即进入以亚里士多德、圣奥古斯丁、费希特、黑格尔、马克思为代表的哲学序列中。在《人的条件》中，阿伦特将行动和政治作为人之为人的基本条件。

阿伦特受海德格尔思想影响最大的就是海德格尔的存在哲学所提出的关于存在、此时以及关于作为此时人类存在的根本性问题。后来阿伦特提出的贱民（pariah）/趋附者（parvenu）的对比概念也来源于存在主义哲学词汇。趋附者的地方性社会顺从，是渴望“融入”并与其他人一样，它体现了现代大众社会条件下如此普遍的“不真实”的精神。而与此相反，贱民的不合群并顽固肯定自身的边缘性，意味着海德格尔式的“真实”的精神。阿伦特对时间性与“大全”的认识源自雅斯贝尔斯，阿伦特在雅斯贝尔斯身上看见了德国哲学家少有的一种与理想相关联的自由的概念。

1933 年，由于焚烧帝国大厦的事件以及同一天晚上被非法拘留，阿伦特开始意识到不能再以旁观者的身份进入世界，她开始转向政治哲学。事实上，阿伦特自身尽量避免使用“政治哲学”这一术语，在她看来，政治与哲学处于紧张关系，因为作为思考的人和作为行动的人之间是有张力存在的。可以说，“政治、历史与公民身份之间的复杂关系构成了阿伦特政治哲学的背景”①。阿伦特从海德格尔身上意识到政治与哲学是冤家，但又相互依赖，任何试图以哲学的思想解决政治问题的行为都是危险的，她坚持认为只有在人类世俗公共空间中采取行动才能实现政

① ［加］菲利普·汉森：《汉娜·阿伦特：历史、政治与公民身份》，刘佳林译，江苏人民出版社，2004 年，第 9 页。

治的自由。由此可以说，政治与哲学的交互关系是阿伦特的学术特点。

二、肖勒姆：执着于喀巴拉与犹太神秘主义研究

格尔绍·肖勒姆于 1897 年 12 月 5 日在柏林出生，在柏林、耶拿和伯尔尼的大学里，肖勒姆学习数学、理论物理和哲学，但在 1919 年转而决定学习喀巴拉和东方语言。1923 年，他获得哲学博士学位，并提交了一篇关于《巴哈伊尔法典》（*The Sefer Bahir*）的论文，这是喀巴拉中最难的文本之一。同年，他前往巴勒斯坦。1927 年，他被任命为新成立的希伯来大学喀巴拉课程的讲师，1933 年，被提升为正式教授。肖勒姆最受瞩目的著作为《喀巴拉的救赎理念》与《理解犹太教的弥赛亚主义》。

在肖勒姆复兴犹太文化传统的探索中，神秘主义与喀巴拉成为他研究的中心。吸引肖勒姆加入犹太神秘主义的，并不是通常与喀巴拉相关的神性的散发，恰恰相反，肖勒姆认为喀巴拉提供了一种选择的亲和性。肖勒姆相信，“喀巴拉以一种远远优于现代学者那苍白又抽象的‘开明’方式阐述了犹太教的本质……他认为，喀巴拉是‘一块被（现代犹太研究的）建造者拒绝的石头’，而这块石头才是真正的基石，因为它掌握了犹太人生存的秘密。犹太教周期性复兴是由于神秘主义而不是理性主义精神”[①]。喀巴拉是犹太神秘主义中的一支，大约起源于 12 世纪末的普罗旺斯，以一本作者不详的《光明之书》（*Bahir*）来标志其起点。13 世纪时，喀巴拉从普罗旺斯传到了北西班牙，并在赫罗纳发展。到了 13 世纪末，雷昂的摩西（Moses de León）编辑了《光辉之书》（*Zohar*）成为喀巴拉最具权威的经典。“喀巴

① Alexander Altmann. “Gershom Scholem 1897—1982”, in *Proceedings of the American Academy for Jewish Research*, 1984, Vol. 51, p. 3.

拉”的字面意思是“接受传统”。肖勒姆指出，“喀巴拉一词本身就透露着‘讽刺意味’，因为它意味着喀巴拉学说能够被传播，而事实上，它们的内在含义是无法表达的，因此也是无法交流的。喀巴拉文本是在隐藏而非揭示真理。作为历史学家的肖勒姆显然意识到了喀巴拉历史研究的局限性”①。虽然如此，肖勒姆仍一头扎进喀巴拉研究，试图把传统从即将压倒它的守旧主义中挣脱出来，以此对抗现代性危机。历史上爆发的两次世界大战都让欧洲曾引以为傲的启蒙运动遭到质疑，历史按照既有目的论线性发展的观念也难以被所有人认同。显然，肖勒姆就是对传统欧洲文明发出质疑之声的一员。他转向犹太历史经验，以期从中发现与历史意识及其乌托邦根本不同的另一维度。

第二节 第一次分歧的出现

一、纽约-以色列：空间引发的疏离

阿伦特与肖勒姆第一次出现较大的分歧在于阿伦特《犹太复国主义再思考》的发表。肖勒姆回信直言：“这篇文章让我非常失望，而且说实话，这篇文章让我有些恼火。”（第 19 封信）②肖勒姆继而尖锐地指出，阿伦特的文章“与犹太复国主义毫无关

---

① Alexander Altmann. “Gershom Scholem 1897—1982”, in *Proceedings of the American Academy for Jewish Research*, 1984, Vol. 51, p. 5.

② Hannah Arendt, Gershom Scholem. *The Correspondence of Hannah Arendt and Gershom Scholem*. Marie Luise Knott, ed., Anthony David, trans., Chicago University Press, 2017, p. 42.

系，而是明显的反犹太复国主义……你可以舒舒服服地待在 Galut[①]，谴责巴勒斯坦的犹太人在月球上建造城堡，但当这些犹太人努力抵御敌人时，当这些犹太人在一个邪恶的世界里努力自食其力的时候，你自己从未停止过强调，你的反应是冷笑，而这种冷笑本身就来自天性”（第 19 封信）[②]。肖勒姆认为，阿伦特处于局外视角，以冷漠的态度审视犹太问题。可见两人所处空间的不同造成彼此认同的疏离。

肖勒姆处于犹太文化的中心——以色列，阿伦特则生活在纽约。在某种程度上可说，两人所处的空间是第二次世界大战后犹太文化不同发展方向的隐喻。以色列表征着犹太复国中心主义（Zion），纽约则表征着游散地理论（Diaspora）。当然，阿伦特在与肖勒姆的通信中，就曾向肖勒姆表达，她对犹太文化的这两种阐释理论都不相信（第 6 封信）。[③] 肖勒姆所在空间——以色列，被视为犹太文化的中心，是犹太文化的圣所。在以色列，他不仅是一位大学教授，还是犹太复国文化的精神导师。“以色列既给予他空间使其成为独特的自我，同时也为他带来心灵的慰藉。出于此，肖勒姆坚持认为，以色列以外的犹太知识分子不存

① 希伯来语 Galut 是表达犹太人对一个民族状况和感受的概念，这个民族背井离乡并受异族统治。该术语主要适用于表达从第二圣殿被毁到以色列国建立的历史和犹太人的历史意识。一个国家的大量成员甚至是大多数成员在其祖国之外的居住地，只要故土仍为该国家所有，就不能定义为 Galut。只有失去政治民族中心和被连根拔起的感觉才能将 Diaspora（游散）变成 Galut（放逐）。放逐感表现为游散各国的疏离感、对民族和政治过去的向往，以及对游散的原因、意义和目的的持续质疑。

② Hannah Arendt，Gershom Scholem. *The Correspondence of Hannah Arendt and Gershom Scholem*. Marie Luise Knott，ed.，Anthony David，trans.，Chicago University Press，2017，p. 42.

③ Hannah Arendt，Gershom Scholem. *The Correspondence of Hannah Arendt and Gershom Scholem*. Marie Luise Knott，ed.，Anthony David，trans.，Chicago University Press，2017，p. 13.

在受保护的环境和完全自由的感觉。”[①] 换言之，对肖勒姆而言，以色列不是一个简单的能指，也非栖身的地方，而是安放自我的神圣空间。以色列是神性在空间上的延伸，身处此空间就是对它所隐藏的神性的认同。

纽约，这座现代文明高度发达的移民城市，往往被视为犹太人的游散地。在传统的犹太复国主义者看来，Galut 充满了暴力和同化的双重危险。著名犹太历史学家罗斯（Ceil Roth）备受争议的原因就在于他的犹太历史研究是以 Galut 为中心的。“罗斯阐述了一种对犹太历史愿景的看法，将游散地作为犹太历史中的积极力量，并给予骄傲的地位。”[②] 罗斯在美国大学开设犹太历史课程，试图通过对犹太文本和历史的详细阐释，使美国犹太人在此基础上找到一种独特的身份形式。换言之，罗斯欲使美国现代犹太人能够既认同美国文化价值，又认同犹太文化。除此之外，罗斯相信，犹太文化的未来不仅在于犹太文化的中心地即以色列的保存，还包括纽约犹太文化的发展。

阿伦特作为生活于纽约的犹太人，对自我犹太身份的认同一直成为她学术思考的隐形线索。从她早期的论文《论奥古斯丁的爱的概念》到《犹太复国主义再思考》《极权主义的起源》《耶路撒冷的艾希曼》，都能见出她对犹太问题的思考。作为一个已被同化的犹太人，阿伦特身上的“犹太性”的确不明显。“正如她在 1964 年的采访中所说：‘小时候我不知道自己是犹太人。我第一次接触到它是通过街上的孩子们的反犹言论。在那之后，我就被启蒙了。’阿伦特自己的犹太身份，首先是由‘他人的凝视’构成的，这与萨特在《反犹主义者与济慈》中对这一过程的描述

① Arthur Hertzberg. “Gershom Scholem as Zionist and Believer”, in *Modern Judaism*, 1985, Vol. 5, No. 1, p. 17.

② Frederic Krome. “Between the Diaspora and Zion: Cecil Roth and His American Friends”, in *Jewish History*, 2006, Vol. 20, No. 3, p. 284.

相一致。”[①] 换言之，阿伦特自身的“犹太性”并非在自我的意识中产生，而是由他人的凝视构成。他者的在场是构成自我身份识别的关键，一旦隐去他者，自我认同就将陷入疏离的状态。生活于纽约的阿伦特并未有效融入犹太文化圈，相反持续的孤独感时时伴随左右。在早期与肖勒姆的通信中，阿伦特就写道：“但在这里我没有多少选择：犹太人不要我，而我对其他潜在的工作有一种根深蒂固的反感。”（第 11 封信）[②] 一句“犹太人不要我”暗示出阿伦特与犹太文化圈之间横亘着巨大的疏离。生活于纽约的阿伦特时刻感受到这种普遍存在的孤独感，认为人与人之间的接触变得日益困难，在此环境下，友谊就显得弥足珍贵。从她坚持不懈地为好友本雅明文集能顺利出版而各方奔走的行动，就可见出她对朋友的珍重。她也珍视与肖勒姆的友谊，坦言“不希望我们彼此的细线被撕裂”（第 6 封信）[③]。但是经过一段时间的交往，阿伦特意识到他们之间的隔阂已然产生。阿伦特深情地写道：“我的心与你同在——为此不需要护照，不需要钱，也不需要‘假期’。我的心得到了一张机票，正乘着旅游舱和平地航行到巴勒斯坦，然而你会在海法的港口确保我的心不被允许登陆。”（第 28 封信）[④] 阿伦特这段极富抒情性的语言，一方面说明在第一次与肖勒姆产生较大分歧后努力缓解彼此关系的尝试；另一方

① Richard Wolin. “The Ambivalences of German-Jewish Identity: Hannah Arendt in Jerusalem”, in *History and Memory*, 1996, Vol. 8, No. 2, p. 9.

② Hannah Arendt, Gershom Scholem. *The Correspondence of Hannah Arendt and Gershom Scholem*. Marie Luise Knott, ed., Anthony David, trans., Chicago University Press, 2017, p. 23.

③ Hannah Arendt, Gershom Scholem. *The Correspondence of Hannah Arendt and Gershom Scholem*. Marie Luise Knott, ed., Anthony David, trans., Chicago University Press, 2017, p. 13.

④ Hannah Arendt, Gershom Scholem. *The Correspondence of Hannah Arendt and Gershom Scholem*. Marie Luise Knott, ed., Anthony David, trans., Chicago University Press, 2017, p. 65.

面也意在表明，肖勒姆拒绝以开放的姿态与她对话沟通。跨越海洋和边界的意象耐人寻味，海洋的两端，一端是纽约，一端是以色列，这既是对现实空间的描述，也隐喻两人文化空间的隔绝。试图跨越空间的意志，即“心”，却处于未被接受的状态。显然，这段语言体现了彼此间友谊的巨大张力，一种亲密、距离、吸引和分离混合而成的张力。

二、宗教与政治的不同选择

事实上，在阿伦特开始写作《犹太复国主义再思考》之前，她曾写信给肖勒姆并意识到，“我所写的东西会让我失去我最后的犹太复国主义朋友”（第 13 封信）[①]。然而，她坚持写作的原因在于其一贯的哲学思考与判断，认为如果犹太人继续走当前的道路，将会失去一切。也就是说，阿伦特义无反顾地写作的背后，是她在现代性背景之下从政治与文化的角度对犹太人的生存困境进行反思这一动力。当然，她的好友肖勒姆也是出于对犹太文化的拯救而加入喀巴拉和犹太神秘主义的研究的。两人途径虽不同，但都试图以一己之力对现代性背景之下的犹太人生存困境做出回应。

回到阿伦特与肖勒姆第一次产生分歧的地方。肖勒姆不仅指出阿伦特以局外人的视角冷漠看待犹太问题，还对阿伦特“更好的洞察力”与“自我批判”提出强烈抗议，认为阿伦特的文章实属一种政治的愚弄，不是从犹太复国主义的角度进行审视，而是从托洛茨基式的反犹太复古主义角度来论证观点。肖勒姆向阿伦特坦言，他不仅是一个民族主义者，对表面上“进步”立场的谴

① Hannah Arendt, Gershom Scholem. *The Correspondence of Hannah Arendt and Gershom Scholem*. Marie Luise Knott, ed., Anthony David, trans., Chicago University Press, 2017, p. 26.

责完全不为所动；还是一个“宗派主义者”，并且从不羞于用文字表达其信念，即宗派主义可以为我们提供一些决定性的和积极的东西。肖勒姆坦言，他并不关心国家问题，因为不相信犹太民族的复兴取决于其政治甚至社会结构的问题。如果有的话，他自己的政治信条是无政府主义的。(第19封信)① 肖勒姆与阿伦特之分歧在此处得到体现，肖勒姆试图从犹太宗教的重新解释中复苏犹太性，以此对抗现代性危机；阿伦特则试图在西方现代政治的发展框架下解释犹太复国主义。现代自由主义是西方文明的世俗形式，在16世纪之前由宗教扮演自由、民主的道德权威，但宗教一统局面的崩溃导致了王权专制主义。曾经宗教在西方是制约国家权力的重要利器，国家在外部通过国家机器保护人民权利，宗教则从内部保护、指导民众实现自由。换言之，曾经宗教是西方社会的良心，督促国家行使权力必须在道德法律的框架之下。随着宗教一统局面的崩塌，思考如何以纯粹世俗的制度为基础保存西方传统固有的二元体系，成了现代政治的中心议题。阿伦特显然是在西方现代政治的发展框架下来审视犹太复国主义的。

针对肖勒姆的质疑，阿伦特回应道：

> 我们之间的根本区别在于：与你相反，我认为，犹太民族的复兴首先取决于其政治甚至社会组织的问题，尽管我认为政治问题是两者中更重要的。我离无政府主义者最远，在我看来，你是一个无政府主义者，这才是你“犹太复国主

① Hannah Arendt, Gershom Scholem. *The Correspondence of Hannah Arendt and Gershom Scholem*. Marie Luise Knott, ed., Anthony David, trans., Chicago University Press, 2017, pp. 42—43.

义”的真正原因。(第 20 封信)[①]

也就是说，阿伦特认为犹太民族的复兴问题还是要回到世俗的政治制度上来考虑。阿伦特坚持认为一贯的民族主义除了成为种族主义没有其他选择，而一旦成为种族主义，就存在永远的危险。正是对这种危险的“恐惧”或“怕”让阿伦特脱离肖勒姆的犹太复国主义思想。但不可否认的是，阿伦特的《犹太复国主义再思考》确是一篇备受争议的文章，原因在于她将犹太人的自由建基于犹太国家的建立，甚至宣称犹太复国主义一直代表着被奴役民族的心态，他们认为反击是没有用的，为了生存，必须躲避和逃跑。[②] 阿伦特对犹太复国主义简单化的概括势必招致质疑。肖勒姆与阿伦特产生隔阂，不仅在于对彼此观点的不认同，还在于肖勒姆认为比起阿伦特的反犹太复国主义言论，更让其伤心的是阿伦特“使用的语气，一种关闭讨论的语气”(第 26 封信)[③]。肖勒姆暗示出他与阿伦特之间正在形成一个巨大的鸿沟，即使他有心想要跨过这道鸿沟，也无济于事。

阿伦特也深知两人之关系在发生变化。她在回复肖勒姆的一封信中说道：

> 这是一场吞噬世界的大洪水。现在我们坐在这里，我们两个幸存者（我们真的没办法，我们还活着，我们不需要为此高兴，只要接受这个事实），就像诺亚在他的方舟上一样，

---

① Hannah Arendt, Gershom Scholem. *The Correspondence of Hannah Arendt and Gershom Scholem*. Marie Luise Knott, ed., Anthony David, trans., Chicago University Press, 2017, p. 49.

② Richard Wolin. “The Ambivalences of German-Jewish Identity: Hannah Arendt in Jerusalem”, in *History and Memory*, 1996, Vol. 8, No. 2, p. 22.

③ Hannah Arendt, Gershom Scholem. *The Correspondence of Hannah Arendt and Gershom Scholem*. Marie Luise Knott, ed., Anthony David, trans., Chicago University Press, 2017, p. 61.

> 我们连最必要的东西都没能抢救过来。更糟糕的是，我们两个诺亚人似乎也被另外一个问题所困扰，那就是我们不善于驾驭我们的方舟，以至于我们彼此擦肩而过却没有相遇。即使我反对把所有的诺亚人带到同一个方舟上的想法——遗憾的是，鉴于知道情况的人不多，这将是一件很简单的事，我希望我们能把几艘船搭在一起，或者至少以这样的方式引导它们，使我们能够说“你好”，“情况如何?”（第28封信）①

洪水、诺亚、方舟，阿伦特以神话故事中的形象隐喻她与肖勒姆微妙的关系。对幸免于难的两位犹太朋友而言，洪水并未将彼此的联系加强，反而各自所乘之舟南辕北辙，难再有交会的可能。阿伦特并未希求两人可以驶向一个共同的方向，只是希望能够保持最基本的“友好”状态。阿伦特独爱希腊戏剧，在《人的条件》一书中她就以希腊戏剧表演来阐释公共领域之行动与他者之要素。对于友谊，阿伦特也借助希腊戏剧加以解释。她说：“对我个人来说，什么时候我们彼此能再见到对方已在我们的生活中扮演越来越重要的角色了——希腊人正确地将悲剧的戏剧性核心定位为人们再次认识彼此的场景。”（第13封信）② 相遇与重逢是人生之幸事，为了能够重逢，人们常常愿意选择等待，忍受时间的煎熬。殊不知，重逢之后的故事往往不遂人愿。再次重逢，或许已是沧海桑田，不复当初。故而，希腊戏剧悲剧之核心——重逢，是不可抗拒的命运前的微光，虽然微弱，却是指引我们在黑暗前行中的灯塔。阿伦特虽幸免于难，然而目睹欧洲现

---

① Hannah Arendt, Gershom Scholem. *The Correspondence of Hannah Arendt and Gershom Scholem*. Marie Luise Knott, ed., Anthony David, trans., Chicago University Press, 2017, pp. 63－64.

② Hannah Arendt, Gershom Scholem. *The Correspondence of Hannah Arendt and Gershom Scholem*. Marie Luise Knott, ed., Anthony David, trans., Chicago University Press, 2017, p. 25.

状的她，内心充满了绝望与希望的呐喊。在最初与肖勒姆通信的过程中，阿伦特就感叹道：“犹太人正在欧洲死亡，并且像狗一样被埋葬。”（第 2 封信）[①] 死亡，并且无名地死去，被抹去记忆与故事，消失于这个世界。犹太人在欧洲的命运深深刺痛着阿伦特的内心。正是基于对犹太人命运的关切，阿伦特以自己独有的审视与判断看待犹太问题。阿伦特对于自己的选择有清醒的认知。她在 1958 年的时候，终于出版了《拉赫勒·瓦恩哈根》一书，在与肖勒姆的通信中她回应道：

> 是的，对于拉赫勒（Rahel），你无疑是正确的，二十年后出版太晚了。我只是怀疑二十年前我是否能为这本书找到一个出版商。犹太人都暗中认为我是位反犹太主义者（anti-Semite）。他们没有看到我在写这本书的时候是有多喜欢拉赫勒，他们不明白一个人怎么能既友好又说实话，比如对自己。由于这个原因，这些人从未理解海涅，毋庸置疑，海涅对他人的嘲讽语气让他们更加难以接受。我暗自怀疑，在德国犹太人和非犹太人中，没有什么比所谓的“生命谎言”更神圣的了。总有一天，有人应该说明，在德国，小资产阶级的生活谎言（the petty bourgeois Life Lie）是如何与犹太人独特的政治和社会地位相融合的。如果可能的话，这应该带着一点幽默感，针对事实本身和受影响的人。（第 125 封信）[②]

阿伦特的言论常常招致犹太组织的抨击，原因之一就在于她

---

① Hannah Arendt，Gershom Scholem. *The Correspondence of Hannah Arendt and Gershom Scholem*. Marie Luise Knott，ed.，Anthony David，trans.，Chicago University Press，2017，p. 4.

② Hannah Arendt，Gershom Scholem. *The Correspondence of Hannah Arendt and Gershom Scholem*. Marie Luise Knott，ed.，Anthony David，trans.，Chicago University Press，2017，p. 195.

总是冷静地拆穿生活中的谎言，让人直面惨痛的历史。阿伦特写拉赫勒，不仅是在描述这样一位犹太历史人物，而且是在对自我生活做历史反思。阿伦特的写作既是对拉赫勒个人的尊重，同时也欲延伸到整个犹太人的政治地位，为动荡时期犹太人的困境提供新的启示。

第三节　第二次分歧的出现

一、无情与友爱

阿伦特与肖勒姆第二次分歧缘于阿伦特《耶路撒冷的艾希曼》的出版。这部著作也是最为大众所熟知的阿伦特的作品之一，阿伦特在此书中提出“平庸的恶”这一概念用以描述艾希曼。今天对阿伦特《耶路撒冷的艾希曼》冲击最大的莫过于2011 年出版的“贝梯纳·斯坦格奈茨的历史大著（长达六百五十多页）《耶路撒冷之前的艾希曼》。斯坦格奈茨搜集了大量关于艾希曼在阿根廷言行的资料，构成的此人形象，与阿伦特描绘的他在以色列国家法庭上的形象大相径庭——并非一个‘官僚式’的杀手，而是一个地地道道白发的、死不悔改的反犹纳粹分子。这本无出其右的研究艾希曼的专著问世，使得‘平庸的恶’这个概念适用性又成了争议的对象”①。斯坦格奈茨基于大量的访谈资料与材料搜集，论证艾希曼善于表演，他并非国家机器的齿轮而已，而是有强烈自主反犹意识的白人。阿伦特对艾希曼描述的失当主要还是缘于她擅长哲学思辨而对历史事实掌握不够。肖勒

① 孙传钊：《艾希曼真是“平庸的恶”吗?》，《读书》，2014 年第 2 期，第 15 页。

姆在信中自然也尖锐地指出阿伦特因对事实准确性掌握的不足而产生许多误解与错误。然而这还并不是肖勒姆批判阿伦特的中心，他所不能忍受的是阿伦特在讨论犹太问题时所采取的态度。他写道：

> 你在论及与我们生活息息相关的话题时，所使用的无情的（heartless）、完全恶意的（malicious）语调。在犹太人的语言中有一种难以描述的，但又非常具体东西——犹太人称之为 ahavath Israel，或对犹太民族的爱（love for the Jewish people）。我亲爱的汉娜，在你身上，以及许多来自德国的左翼知识分子身上，已无任何这种“爱”的痕迹。像你这样的论述方式，如果可以这样说的话，那是过时的客观和彻底的处理方式——尤其是在我们民族中的三分之一都被谋杀的情况下，这种深层的情感必然会起作用，并被极大地激发出来，而我只把你看成这个民族中的一员。（第 132 封信）①

在肖勒姆看来，阿伦特以一种无情的、恶意的语调讲述犹太人史上最痛苦的经历，让他难以接受。阿伦特在分析犹太问题的时候，从她曾接受的德国哲学家约翰·戈特弗里德·冯·赫德（Johan Gottfried von Hender）那里，提出了“隐性传统”（hidden tradition）的概念，即“贱民”概念。阿伦特用“贱民”分析犹太人两个主要社会类型之间的逻辑对立的一方，另一方为趋附者。“在阿伦特看来，似乎散居地的犹太教所有衰弱特征都可以追溯到‘趋附者’：为了获得社会认可而否认自己的犹太身

① Hannah Arendt，Gershom Scholem. *The Correspondence of Hannah Arendt and Gershom Scholem*. Marie Luise Knott，ed.，Anthony David，trans.，Chicago University Press，2017，p. 202.

份，无视不幸同胞的困境。”[①] 肖勒姆对阿伦特用此思维方式谴责犹太领导层的做法极为不满。事实上在肖勒姆与阿伦特通信之初，肖勒姆就曾向阿伦特表达对她的“贱民”理论有所保留，肖勒姆直言：

> 我真的想先讨论一下你的“贱民”理论，因为我对你阐释海涅和卡夫卡有所保留。对我内心的“拉希”(Rashi)[②]来说，这些文本说的是一种不同的语言，在我看来，为了把它们挤进你所采用的概念中，你最终留下了许多不合适的东西（我想说的是，例如，你的方法不能使卡夫卡的《城堡》有任何意义）。(第 12 封信)[③]

饶有趣味的是，阿伦特与肖勒姆都对犹太作家卡夫卡情有独钟。他们两人对卡夫卡阐释的不同，表征着两人性格与理念的迥然不同。卡夫卡的作品是阿伦特对现代性的政治和历史理解的核心。阿伦特讨论卡夫卡的文章主要集中在两篇，即《作为贱民的犹太人：一个隐性的传统》(The Jew as Pariah：A Hidden Tradition) 和《重新欣赏弗朗茨·卡夫卡》(Franz Kafka，Appreciated Anew)。阿伦特“对卡夫卡的解读是她区分‘贱民’和‘趋势者’的核心，不仅证明了‘自觉的’或反叛的贱民的政治可能性，也证明了她所看到的构建公民权的乌托邦境界。她‘暂时’看到了‘在美国的大团圆结局中’描述的构建公民权的

---

① Richard Wolin. “The Ambivalences of German-Jewish Identity：Hannah Arendt in Jerusalem”，in *History and Memory*，1996，Vol. 8，No. 2，p. 18.

② “拉希”，即拉比·什洛莫·本·伊萨克，是《圣经》和《塔木德》的注释者，肖勒姆在此处的意思是“根据我的解释”。

③ Hannah Arendt，Gershom Scholem. *The Correspondence of Hannah Arendt and Gershom Scholem*. Marie Luise Knott，ed.，Anthony David，trans.，Chicago University Press，2017，p. 24.

乌托邦境界”①。卡夫卡对现代性的体悟成为阿伦特审视现代政治的一个参考。阿伦特将卡夫卡《城堡》中的“我”视为一个自觉的、反叛的贱民形象。《城堡》里的K面临着选择的犹疑实为现代犹太人生存命运的隐喻，即是选择贱民抵抗的孤独行列还是加入趋势者同化的大军之中。

肖勒姆对阿伦特解读卡夫卡《城堡》不以为然，是因为他们阐释的角度完全不同。肖勒姆常对学生说，要理解喀巴拉，先要阅读卡夫卡的作品。“他认为弗朗茨·卡夫卡是我们这个时代最真实的发言人。卡夫卡所表达的痛苦，他对上帝的不可接近性的感觉在肖勒姆看来是与喀巴拉神学中的‘无’（′ayin）有异曲同工之妙，象征着至高无上的瑟非拉（keter）②。他在喀巴拉对托拉的解释中看到了另一个类比，一方面是对完全超验的乌尔托拉（torah qedumah）的连续表述，另一方面是卡夫卡关于法律（Gesetz）作为同样难以捉摸的实体的概念。”③ 肖勒姆对卡夫卡的阐释是在喀巴拉神学框架下，认为卡夫卡无论是对生存困境之感还是对法律的理解都与喀巴拉将上帝视为信仰上的超越性存在

---

① Howard Caygill. “The Fate of the Pariah: Arendt and Kafka′s ‘Nature Theatre of Oklahama’”, in *College Literature*, 2011, Vol. 38, No. 1, p. 2.

② “‘瑟非拉’在字义上就是‘流溢’（emanations）之意。在概念史上，‘瑟非拉’一词比卡巴拉这个教法更早出现，早在卡巴拉兴起前，犹太神秘主义的一本作品《做成之书》（*Sefer Yetzirah*）便有提及。《做成之书》认为，上帝透过32个秘密的智慧之道创造世界，这些智慧之道包括22个希伯来字母与十个数字，这十个数字就是指‘瑟非拉’，它们是实在的十个基本原理，包括上帝之灵、三项物质元素（气、水、火）与六个空间向度（北、南、东、西、上、下）。后来，《光明之书》沿用了这个语词，将瑟非拉重新诠释为是上帝的十个属性。可以说，以隐密的无限上帝‘恩索夫’为不可知的根源，借由原人流溢出十个瑟非拉，这十个瑟非拉的统一体（其实体则等同于恩索夫）即是希伯来圣经中那位与人类有所互动、可为人类所知所传的位格上帝。”参见邓元尉：《修补破碎世界的灵魂之旅——卡巴拉的灵魂观初探》，《生命教育研究》，2019年第1期，第17页。

③ Alexander Altmann. “Gershom Scholem 1897—1982”, in *Proceedings of the American Academy for Jewish Research*, 1984, Vol. 51, p. 4.

具有相通之处。律法，在犹太教中尤为重要。肖勒姆尤其喜欢卡夫卡的《诉讼》这部小说，原因是他在《诉讼》里看到律法的顽念缘于我们处于上帝缺席的空间状态中。“在肖勒姆看来，律法在卡夫卡那里代表了一个意义理念的比喻。它的支配性相当于世界当中某种神圣的在场，而其堕落或者否认则相当于神圣的缺席。”[①] 卡夫卡的作品意味着上帝的隐退与缺失，故而律法朝着无可解释的方向行进。不难见出，阿伦特对卡夫卡的理解是基于在现代性政治自由的框架下看到了现代政治自由蕴藏的危机，而肖勒姆则专注于卡夫卡作品对生存意义的执着追求。也就是说，“在卡夫卡的著作中，肖勒姆看到了传统危机的反映，对他来说，这就是我们这个时代的特征。他不仅发现了对宗教信仰内容的质疑，而且发现了宗教传播过程的恶化”[②]。对卡夫卡作品截然不同的理解缘于他们各自关注重心的不同。

在肖勒姆与阿伦特的第二次争执中，肖勒姆指责阿伦特身上没有犹太人的爱。对此，阿伦特回应道：

> 你说得非常正确，我没有这样的爱，原因有二。其一，我一生中从未“爱”过某个民族或集体——既没有爱过德国人、法国人或美国人，也没有爱过工人阶级，以及任何别的可能存在的集体。事实是，我只爱我的朋友，而对任何其他种类的爱都很无能为力。其二，对犹太人的这种爱，在我看来是可疑的，因为我自己就是犹太人。我不爱我自己以及任何我认为属于我的存在的本质的东西……但我可以回答说，这个民族的伟大之处曾经在于它对上帝的信仰，也就是说，

① ［法］摩西：《历史的天使》，梁展译，华东师范大学出版社，2017年，第222页。

② Stéphane Moses, Ora Wiskind-Elper. “Gershom Scholem's Reading of Kafka: Literary Criticism and Kabbalah”, in *New German Critique*, 1999, No. 77, p. 150.

它对上帝的信任和爱远远超过了对上帝的恐惧。而现在这个民族只相信自己！在这个意义上，我不爱犹太人，也不“相信”他们。虽然在本质和事实上，我都属于这个民族。[①]（第133封信）

阿伦特质疑肖勒姆口中的“犹太民族的爱”，这种爱在阿伦特看来与强烈的民族主义、种族主义相关联，极易煽动大众，导致暴政。事实上，“爱”一直也是阿伦特思考的问题之一。阿伦特认为，“同情，和爱一样，是一种内在的情感，是属于隐秘的私人领域，只有当个人与他者的距离很小的时候，同情的分享才会发生。和爱一样，它是通过举动和眼神来传达的，某种意义上是无声的……爱、同情属于私人领域，但它们与绝对的善如此接近，这使得绝对的善最终根本无法在政治领域里表现出来”[②]。换言之，同情与爱同属于私人领域，任何试图打破其隐秘的途径都将致使其发生异化。“犹太人的爱”就是试图以“爱”的名义维系集体的共同利益，而当这种爱以绝对的道德律令施加个体时，个体的自由也不复存在。阿伦特坚决区分“同情”与“怜悯”，原因在于阿伦特从法国大革命的历史实践中看到怜悯所带来的暴政。“怜悯之所以被看成是有害的，就因为它是同情进入公共领域后的一种变形。她（阿伦特）并不否定对具体个体的同情，而否定同情在公共领域里转化为抽象的、观念的怜悯……怜悯期望它的对象依然处于个体状态，而且不具有完全的自主的能力，不是主动的行为者，不能作为主体谋取权利，因此怜悯力图使其对象作为个体仍然处于受苦难的无力状态，不然怜悯本身就

---

① Hannah Arendt, Gershom Scholem. *The Correspondence of Hannah Arendt and Gershom Scholem*. Marie Luise Knott, ed., Anthony David, trans., Chicago University Press, 2017, pp. 206—207.

② 孙传钊：《阿伦特两论》，《中国图书评论》，2007年第1期，第46页。

失去立足点了。”[①] 怜悯就是同情或爱的异化，它以一种居高的道德感消除阶级或种族的差异，试图形成一种理想的平等的人际关系。“对阿伦特而言，现代社会最为典型的爱的形式莫过于同情（compassio），以及由基督教社团生活发展而来的兄弟之谊（faternitas）……同情实质上是一种移情，它是由具体的人或现象的痛苦所激发的自然生物性反应，简言之，同情即是以共苦为基础的爱。”[②] 以共苦为基础的爱，即同情，归根结底还是属于私人领域，若将这种隐秘的私人关系泛化，将导致私人领域与公共领域的双重异化。

阿伦特很早就将“爱”纳入思考的范畴，她的博士学位论文《论奥古斯丁的爱的概念》就讨论了三种平行的爱的概念，即作为欲望的爱、回忆的爱，以及邻人之爱。所谓“邻人之爱”就是像爱上帝一样爱他人，像爱自己一样爱他人。阿伦特对这种对自我既否定又肯定的爱有极大的兴趣。她说：“由于人既是‘来自上帝’又‘归于上帝’，人在上帝的存在中把握自己的存在。这种通过获取自身存在的回归，以及在其中实现的隔绝，是邻人之爱的唯一来源。正确理解邻人的先决条件是正确理解自我。只有在我确定了自我的真实性之后，我才能爱我的邻人，也就是他的被造性。”[③] 阿伦特从哲学意义的立场而非从宗教或神学的立场来阐释邻人之爱的来源。自我存在的真实性是达成邻人之爱的关键所在。对阿伦特而言，“邻人之爱的成立，须以爱上帝的尚未开始作为前提。爱上帝的尚未开始，就意味着我们应当在肯定的意义上理解自爱。自爱不再是自我否定与自我遗忘，而是爱他

① 孙传钊：《阿伦特两论》，《中国图书评论》，2007 年第 1 期，第 46 页。

② 陈芳芳：《“对世界的爱”：阿伦特论爱与世界的关系》，《内蒙古大学学报》（哲学社会科学版），2014 年第 6 期，第 25 页。

③ Hannah Arendt. *Love and Saint Augustine*. J. V. Scott，J. C. Stark，eds.，University of Chicago Press，1996，p. 95.

人。阿伦特看到，就世俗生活而言，自爱的形成脱离不了他者，任何爱首先必有一个他者或对象。爱作为最根本的自我行动，并非对象化的行动，而是交往和对话……因此，邻人之爱的概念，对前两种爱的概念形成了内在批判，从而摆脱了神学政治的框架，标志着一种政治哲学的形成”①。阿伦特看到任何“爱”的存在都需依靠他者的在场得以确认，他者的在场是“爱”存在的意义。邻人之爱是生活于世俗世界的人类对抗不可知命运的动力。邻人之爱有赖彼此的交往与对话，在此行动中建立人与人的关系。孤独感是自我存在的最大威胁，人只有以爱的方式生活时，才能成其为自我。邻人的在场让爱的实现有了对象，人最终在爱的方式中寻得真正的自我。阿伦特对奥古斯丁“爱”的理解基于哲学思辨，她善于发现这位中世纪神学家在调剂宗教与世俗政治平衡关系之时所做的微妙努力。借助对邻人之爱的阐释，阿伦特意识到这一概念所蕴藏的世俗现代政治的可能。因为“对阿伦特来说，我跟邻人的关系必须要放在这个世界内来思考”②。邻人的相遇只能是在人类世俗政治的空间中，无差别的相同性是无法识别邻人的。阿伦特在后来的著作《人的境况》中延续这一思路，强调公共领域最为显著的特征就在于复数的人平等地进入场域进行沟通、对话。换言之，人之为人，是为复数性的人而非无差别的个体。阿伦特曾说：“如果人类都是原型的亚当的无限制的复制品的话，活动就成了不必要的累赘，是对行为的普遍法则胡乱干涉。复数性是人类活动的条件。那就是无论谁都是过去生活的、现在生活的、未来生活的其他人决不会相同的存在。我

---

① 汪尧翀：《迟到的主体理论：读阿伦特〈论奥古斯丁爱的概念〉》，《中国图书评论》，2016年第11期，第86页。

② 王寅丽：《邻人之爱何以可能：阿伦特论奥古斯丁的爱的概念》，《文化研究》，2016年第3期，第280页。

们相同的一点，就是我们都是人。”[①] 事实上，可以发现阿伦特对奥古斯丁“爱”“世界”的概念都从政治哲学的角度进行了新的解释。这一独有的治学方法也一直延续到阿伦特后来的写作中。但是阿伦特坚持认为对政治与哲学的身份要有区分，她认为自己是政治家而非哲学家。

针对肖勒姆所说没有“对犹太民族的爱”的问题，阿伦特在后来的回信中对这一问题没有再进行正面回应，只是对肖勒姆说：“我只是在你的指控已超出了个人谩骂的范围内做出了回应，比如说‘对犹太民族的爱’等等。我可以从不同的方向来探讨这个问题，即通过研究‘心’在政治中的作用，但现在我没有时间了。然而，我想请你在有机会的时候，看看我的《论革命》一书的第二章。我在那里讨论了这个问题。”（第138封信）[②] 阿伦特在《论革命》一书的第二章以法国大革命和美国革命为例，阐释了同情与怜悯和政治活动的关系。阿伦特认为同情与怜悯有区别，两者都不能在政治活动中存在。同情属于私人领域，是靠缄默而非交谈达成。缄默是同情的标志，耶稣拥有同情，缘于他保持沉默，以同情之心倾听大法官的演说。同情无言说，也就取消了距离，取消了人与人之间世界性的空间，而人类世俗的政治事务都是在这一世界空间中完成的。因此，同情对于政治而言是无意义和无结果的。怜悯是同情的扭曲，它以不幸者的在场而存在，它的存在是从不幸者或不快乐者那里获取的。怜悯若被奉为美德，则比残酷本身更残酷。法国大革命中罗伯斯庇尔的革命暴政就是将怜悯带入政治的后果。怜悯对于政治是有害的。代替同

① ［美］伊丽莎白·杨·布鲁尔：《爱这个世界：阿伦特传》，孙传钊译，江苏人民出版社，2009年，第302页。

② Hannah Arendt，Gershom Scholem. *The Correspondence of Hannah Arendt and Gershom Scholem*. Marie Luise Knott，ed.，Anthony David，trans.，Chicago University Press，2017，p. 217.

情或怜悯进入政治活动的只能是团结，团结是一种激发和指导行动的原则。[①]

在阿伦特与肖勒姆第二次的分歧中，肖勒姆后来又写信再次重申了他对阿伦特著作不满的理由。他写道：

> 引起我反对你陈述的，并不是不能被归类的东西，而是你判断的无情（heartlessness）和确凿无疑（certainty），这种确凿无疑，在我看来，在决定性的点上似乎完全没有根据。我所说的"决定性的点"（decisive points）首先是指你所说的"不参与"（non-participation），你把它说成是一种可行的人道和政治策略，且不是针对个别犹太人，而是数以百万计的犹太人，最终你把它提升为一种事后判断的标尺。正如我所写的，这是我最不能同意你观点的地方。你没有提供哪怕是最细微的证据来证明，在任何严肃的程度上，这种政治策略——由于来自外部的压力，犹太人不得不想出这种策略——可能是一种现实的选择，既考虑到纳粹对这种策略的第一迹象的反应，也考虑到犹太社区的社会和心理现实。你的建议只能在纸上勾勒和论证，鉴于德国、波兰、立陶宛、拉脱维亚和罗马尼亚的情况，它不可能以任何现实的方式实现。（第 135 封信）[②]

肖勒姆一方面再次提到阿伦特判断的无情或冷漠，同时指出她在根本性的论点上缺乏实际的证据，尤其是对阿伦特的"不参与"概念提出了异议。肖勒姆指出的这一问题主要与阿伦特善于

① ［美］汉娜·阿伦特：《论革命》，陈周旺译，译林出版社，2007 年，第 72—76 页。

② Hannah Arendt，Gershom Scholem. *The Correspondence of Hannah Arendt and Gershom Scholem*. Marie Luise Knott，ed.，Anthony David，trans.，Chicago University Press，2017，pp. 212—213.

哲学思辨方式有关，擅长哲思而对历史事实细节考虑不周的确是阿伦特治学的特点。她的《关于小石城事件的反省》受人批判的主要原因就是对美国黑人历史事实与德国犹太人隔离问题相提并论，忽视两者之差异。

在经历了《艾希曼在耶路撒冷》的批判后，阿伦特“开始让自己搞清楚自己‘以后的治疗’与对判断的关心之间的关系。她称之为‘对世界的爱’（amor mundi）的态度显示了探索这种爱追求的‘精神生活’所带来的丰收。阿伦特注意的是：思维活动的内在协调——就是她们所说的‘我与我自己之间的对话’，比判断活动先行一步，为这种思维活动提供了对象。这种思维活动，不是为了冥想，而是追求意义”①。阿伦特将这种独有的“精神生活”视为“对世界的爱”。或许在一些批判家眼里，阿伦特的“精神生活”缺乏政治历史的厚度，然而阿伦特认为这种精神生活并非冥想，而是为了追求意义。阿伦特的对世界的爱，并非与“对上帝的爱”（amor Dei）的对立；相反，她反对所有将个人生命或自我作为最高价值的世俗态度，她试图确立一种关心世界的公民态度。对阿伦特而言，对世界的爱，只能在一个人类生活的世俗的政治空间中存在。

二、语言引发的疏离

在阿伦特与肖勒姆的第二次分歧中，还透露出语言所带来的矛盾。在肖勒姆致阿伦特的信中，他指责阿伦特“对于你这种漠不关心的态度，我完全不理解，我指的是你书中常常使用轻率的英文。这对于你的书所论及的主题来说不合适，而且还是以最难以想象的方式。在处理这一主题时，难道没有‘情感策略’

① ［美］伊丽莎白·杨·布鲁尔：《爱这个世界：阿伦特传》，孙传钊译，江苏人民出版社，2009 年，第 419 页。

(tact of the heat) 这一谦恭的德语表达的位置? 你也许会笑; 但我希望你不要, 因为我是认真的” (第 132 封信)[①]。肖勒姆认为阿伦特在论述“平庸的恶”这一论题时, 应该采用更恰当的德语表达方式而非英语。事实上, 针对语言表达的问题, 在他们之前的通信中就已经隐约体现出他们二人的差异。肖勒姆写信向阿伦特表示, “在我面前摆着两本关于你的沉重记忆: 德文版的《极权主义的起源》和你的布洛赫论文[②]版。我认为, 您著作的德语版表述更为精彩 (考虑到我的语言亲缘关系, 这并不奇怪)。当我再次拿起这本书通读, 一切都那么精确, 觉得我不会失去任何东西” (第 117 封信)[③]。肖勒姆坦言他更喜欢阿伦特著作的德语版, 这种更偏爱德语的倾向确实一方面如肖勒姆所言跟语言亲缘有关, 另一方面也缘于他将语言与宗教神圣性相关联。当然, 肖勒姆用英语阅读完全没问题, 且在早期与阿伦特的通信中他就曾表达, “用英语我可以写一些轻松的、历史性的主题, 那不是任何困难的事情” (第 36 封信)[④]。肖勒姆为何认为对于那些“轻松的、历史性的主题”可以采用英文写作方式呢? 原因在于, 他将英语视为一种通俗性的语言。肖勒姆对语言的认知受本雅明的

① Hannah Arendt, Gershom Scholem. *The Correspondence of Hannah Arendt and Gershom Scholem*. Marie Luise Knott, ed., Anthony David, trans., Chicago University Press, 2017, p. 202.

② 肖勒姆此处提到的布洛赫论文, 为阿伦特《黑暗时代的人们》中的一篇。参见 [美] 阿伦特: 《黑暗时代的人们》, 王凌云译, 江苏教育出版社, 2006 年, 第 102—141 页。

③ Hannah Arendt, Gershom Scholem. *The Correspondence of Hannah Arendt and Gershom Scholem*. Marie Luise Knott, ed., Anthony David, trans., Chicago University Press, 2017, p. 188.

④ Hannah Arendt, Gershom Scholem. *The Correspondence of Hannah Arendt and Gershom Scholem*. Marie Luise Knott, ed., Anthony David, trans., Chicago University Press, 2017, p. 77.

影响很大[①]，比起希伯来语，英语在他眼中已沦为“亚当式的语言”，是一种堕落的语言。因此，在与阿伦特的通信中，他问阿伦特：“你为什么无心学希伯来语，哪天学学希伯来语？然后我可以给你寄这个、那个或其他东西，此外，你就可以进入天堂。”[②]（第 36 封信）在肖勒姆看来，掌握了希伯来语，就可以进入另一个神圣的世界。换言之，希伯来语对于肖勒姆而言不是一种普通的语言，而是一种神性存在。“对犹太神秘主义来说，希伯来语代表人类最初的语言，其精华部分保留了语言的神奇力量，在那里，它显然是‘被神圣化的语言’，即它立在最纯粹的形式当中，也就是它在犹太传统经文和祈祷文当中所拥有的形式。相反，它在日常实践中的滥用就等于一种真正的世俗化，它所隐藏的神奇或象征权力则会因此而被暴露、剥夺，从而服务于一种纯粹的功利用途。”[③] 肖勒姆一方面视希伯来语为神圣性语言，对日益走向世俗化的希伯来语表现出极大的焦虑，另一方面又不得不正视犹太文化在走向现代化的进程中所必须采用的世俗化的方式。他看到即使希伯来语趋向世俗化，隐藏在语言背后的神圣性终究会在某一天突然显现。值得一提的是，肖勒姆虽然极力推崇希伯来语，然而他重要的学术著作并非都采用希伯来语写作，而是运用了德语。这一方面说明做历史哲学研究和神学研究的肖勒姆虽然意识到语言的危机，但在具体的实践中仍不得不采用世俗化的语言（德语）传达他的喀巴拉和犹太神秘主义思想。肖勒姆痛苦地平衡着他的犹太身份和西方学者身份之间的关系。

---

① 本雅明的语言观主要体现在其《论普遍语言与人类语言》和《译者的任务》两篇文章中。

② Hannah Arendt, Gershom Scholem. *The Correspondence of Hannah Arendt and Gershom Scholem*. Marie Luise Knott, ed., Anthony David, trans., Chicago University Press, 2017, p. 77.

③ ［法］摩西：《历史的天使》，梁展译，华东师范大学出版社，2017 年，第 259 页。

他很早就选择只做一名犹太人，而非德国犹太人、西方犹太人或者美国犹太人。他对这一选择是坚定的，他以实践的方式努力恢复犹太文化精神，以此考虑现代犹太人的生存方式。

生活于纽约的阿伦特，考虑到其著作的读者群，采用英文写作是情理之中的事情。事实上，阿伦特一直在有意识地与英语保持距离，她并未像肖勒姆那样从神性与语言的关系上理解语言，而是从另一个角度，即语言与思想、语言与政治的关系上来理解语言。

阿伦特曾说，虽然在纽约她用英语写作，但她从来都保持与英语的距离感。因为在母语和另一种语言之间存在着巨大的差异。她很喜欢德国诗歌，对大部分的德国诗歌了如指掌，诗歌总是以某种方式存在于她的脑海中。德语始终是她有意识地保留下来的基本东西。母语是无法替代的。[①] 生活于纽约的阿伦特并未放弃自己的德语，相反即使在讲英语的同时，她仍带着德语口音，对这种语言的遗留，她感觉到快乐而非不自在。阿伦特在看待艾希曼的事件时，是有意识地采用英语的写作方式的。艾希曼之恶，在阿伦特看来已经超出通常律法之范围，是一个国际性事件。用英文的方式写出对艾希曼的看法，是完全可以理解的。阿伦特除了对英语有意识地保持距离，对法语也是如此。在移居法国期间，她对法语已经掌握得很熟练了，但正如她自己所言，“我一直有意识地拒绝失去我的母语。我一直与法语保持着一定的距离”[②]。阿伦特何以对母语如此坚持？她是如此的害怕失去母语，这是因为语言是我们赖以存在的基础，语言及文字是我们解释世界的唯一武器，语言是社会的基础。阿伦特认为亚里士多

① Hannah Arendt. *Essays in Understanding, 1930—1954*. Harcourt Brace & Cmpany, 1994, p. 13.

② Hannah Arendt. *Essays in Understanding, 1930—1954*. Harcourt Brace & Cmpany, 1994, p. 13.

德所谓的“政治生活”包含两个方面，一是行动，二是言说。[1]对阿伦特而言，世界即为政治，政治诞生于人与人之间的空间。换言之，世界是具体的，来自公共领域，它植根于人类的行动和言说，而公共政治生活是人类的表现力，是人类意义和感觉的全部。行动只有在伴随言说时才是政治的。

语言就是我们的家园，所以在访谈中，当阿伦特被主持人高斯问及，当你回到欧洲时[2]，在你的印象中，什么东西仍然存在，什么东西已经无可挽回地失去？阿伦特回答说，我可以告诉你，还剩下什么？语言还在。[3] 阿伦特所说的“语言还在”，实际上寓意他们的家园仍在。阿伦特深刻地认识到语言与存在之关系。一旦对语言的意义发生某种失聪，就会导致相应的对现实的某种盲目。对语言的某种亲近，也带来意识的变化。阿伦特的共和思想与她对希腊古典哲学与城邦制度的深入研究，得益于她在大学期间辅修了希腊语。她曾说，是因为“一直喜欢希腊诗歌，而诗歌在我的生活中发挥了很大作用，所以我另外选择了希腊语”[4]。诗歌的确在阿伦特的生活中扮演了重要的角色，在与海德格尔相恋的日子中，她创作了许多诗歌，这些诗歌可以说是她隐秘内心的一个隐射。阿伦特对《拉赫尔·瓦恩哈根》的研究，就是因为“阿伦特注意到拉赫尔是如何学习诗歌将它所说的一个个单独的事情转换成一般性的，因为它不仅用语言作为表达一个

---

① ［美］阿伦特：《人的境况》，王寅丽译，上海人民出版社，2009年，第16页。

② 高斯所言的回到欧洲是，阿伦特在为犹太文化重建委员会服务时，为战后犹太文化遗产问题而再次奔赴欧洲的事情。

③ Hannah Arendt. *Essays in Understanding, 1930—1954*. Harcourt Brace & Cmpany，1994，p. 12.

④ Hannah Arendt. *Essays in Understanding, 1930—1954*. Harcourt Brace & Cmpany，1994，p. 9.

特定内容的方式，而且它还将语言还原成独特的主旨"[1]。也就是说，诗歌具有普适性，能为有共同经验的人所接受并产生共鸣，这种一般性可以跨越时间与空间。

阿伦特对语言的哲学和社会学分析是有效的。她赋予语言的核心重要性为现象学和存在主义哲学理解主体间性提供了很好的参考，因为语言正是主体间性的根本要素。阿伦特的语言观显然迥异于肖勒姆，这也是导致两人产生分歧与矛盾的原因之一。

当然，阿伦特对肖勒姆所做研究也有感兴趣的一面，比如阿伦特发现肖勒姆的著作中关于弥赛亚自由的"宝藏"的概念是令人信服的。犹太神秘主义者尽管有时会面临非常真实的外部苦难，但也保留了一个内心自由的地方，从本质上而言他们所捍卫的乃是使人类得以延续的精神。肖勒姆坚持认为："犹太文化和精神不仅包括本质上的是理性的拉比法，而且像其他伟大传统一样，还包括基于神秘和非神秘的人类精神的深刻建构。"[2] 阿伦特所赞扬的这种弥赛亚自由也同时反映在美国 20 世纪 50 年代的犹太小说创作中。"正如鲁思·威斯在她的出色著作《作为现代英雄的笨伯》中指出的，笨伯人物之所以受到犹太民间传统的喜爱，是因为他表达了在受到约束并且有时是山穷水尽的社会环境中实现精神超脱的愿望。滑稽剧把最极端的暴行描写成无害和荒唐之举，同样，往往带有喜剧色彩的笨伯能使灾难和痛苦得到宣泄，从而提供一种处世方式……笨伯（或笨伯式的人们）甚至在铁拳的阴影中，也能取得精神或心理上的胜利。"[3] 笨伯属于犹

① ［美］伊丽莎白·杨·布鲁尔：《爱这个世界：阿伦特传》，孙传钊译，江苏人民出版社，2009 年，第 65 页。

② Arthur Hertzberg. "Gershom Scholem as Zionist and Believer", in *Modern Judaism*, 1985, Vol. 5, No. 1, p. 13.

③ ［美］莫里斯·迪克斯坦：《伊甸园之门：六十年代的美国文化》，方晓光译，译林出版社，2007 年，第 52—53 页。

太民间文化的一种类型，这一类人物显然与肖勒姆所发掘的弥赛亚自由相关，他们都体现出犹太人在长期的历史实践中运用宗教与犹太法典应对生活之苦难的途径。这种对犹太文化精神的重新发掘与解释，阿伦特显然是支持的，从这一意义上的确可以说阿伦特无论从本质上还是事实上都是犹太人。

第五章　苏珊·桑塔格的先锋与救赎

被誉为美国“最后一位知识分子”的桑塔格（Susan Sontag），其思想不可谓不丰富多元。从20世纪60年代的“反对阐释”“新感受力”“沉默美学”“坎普”等激进思想，到70年代写作《在土星的标志下》（*Under the Sign of Saturn*）所表露出的激进后的折中，桑塔格的思想始终处于一个变化与发展的进程。也正是因其思想的复杂多元，有人认为她是典型的现代主义者，而有人又将其视为后现代主义的鼻祖。本书暂且抛开这些分类与标签，以“身份”作为着眼点对桑塔格进行研究。谈论桑塔格不能抛开她的犹太身份，这种身份所带来的或认同或背离感始终若隐若现，更符合作者的原意，或许能为我们解读她的思想打开一个新维度。

第一节　感性的力量

一、以新感受力为核心的思想体系

桑塔格在1965年发表的名为《一种文化与新感受力》（One Culture and the New Sensibility）的文章中，曾反复提及一个词：“新感受力”。可以说，“新感受力”既是她思想脉络的核心，又是一个能让我们以此为支点，考察其他概念的关键。那么，究竟什么是“新感受力”，应该如何去理解它？

单就词汇来看，“新感受力”由“新”与“感受力”两部分组成。“感受力”暗示了感性与直觉的重要性，“新”则凸显出与“旧”的差异。20世纪60年代的纽约，正是各种前卫艺术实验迅速发展的时期，这些先锋艺术汲取了欧洲的激进思想，在观念与形式上不断创新，并作为一种反叛力量有力冲击着此前纽约文人圈所竭力维护的高雅与通俗、精英与大众的文化界限。桑塔格敏锐地发现了这一变化，以新一代批评家的身份剖析当前出现的新感受力的特征，对其进行辩护。

她认为当前有关“两种文化”的说法是难以说通的。所谓“两种文化”，是指以知识分子为代表的文学-艺术文化和以科学家为代表的科学文化。她将这两种文化的分离追溯至工业革命时期。现代社会的工业化特征引起众多文学知识分子的反感，第二次世界大战结束后，他们更是认为先进的科技威胁着人类精神的独特性，让精神变成能够批量复制的产品。因此，C.P. 斯诺提出了“两种文化观”，将“科学”与“人文”对立起来。在桑塔格看来，这种对立只是体现出了文学知识分子对文化的变化的无知。“科学和技术是变化的，是变动不居的，而艺术则是静止的，满足人类的某种永恒不变的普通功用（慰藉？教化？消遣？）”①的假设本身就是错误的，因为科技与艺术并不是分离的关系，而是呈现出融合的趋势。艺术正大量吸收科学与技术的因素，发展出多样的形式，两者具有风格的相似性：“当今的艺术更接近于科学的精神，而不是传统意义上的艺术精神，它强调冷静，拒绝它所认为的那种多愁善感的东西，提倡精确的精神，具有‘探

① ［美］苏珊·桑塔格：《反对阐释》，程巍译，上海译文出版社，2011年，第323页。

索'和'问题'的意识。"[①] 与此同时，艺术创作所要求的教育程度、学习时间、精力、感悟能力，也让其变成了专业化的领域。

"'两种文化'之间的冲突其实是一个幻觉，是发生深刻的、令人困惑的历史变化的时代产生的一个暂时现象。我们所目睹的，与其说是不同文化之间的一种冲突，不如说是某种新的（具有潜在一致性的）感受力的创造。"[②] "两种文化"实则是"一种文化"，与之对应的是"新感受力"的建立。这种感受力几乎涵盖了所有艺术形式，如电影、音乐、舞蹈、戏剧等，并将艺术视为生活的延伸。人们不应该为艺术设限，反而应该以开放的心态将其视为一种能够改造人们意识、形成新感受力的途径；艺术家也不应该故步自封，而要利用技术不断拓宽自己的表现手段与表现方法。在此语境下，艺术的价值判断便发生了变化。既然新技术、新媒介带来了千变万化的"新感受力"，那么只要是能够对我们的新感受力有益的形式，都值得提倡，那些过去被视为"非艺术"的形式也作为催生"新感受力"的途径而得到了桑塔格的认可。"新感受力要求艺术具有更少的'内容'，更加关注'形式'和风格的快感，它也不那么势利，不那么道学气——就其并不要求艺术中的快感必须与教益联系在一起而言。"[③] 这就无形中动摇了传统中形式与内容、精英与大众的分野。

"新感受力"所倡导的艺术功能的转换，一方面将科技视为必要工具，另一方面要求人们对艺术的欣赏从关注内容转向关注

① ［美］苏珊·桑塔格：《反对阐释》，程巍译，上海译文出版社，2011年，第326页。

② ［美］苏珊·桑塔格：《反对阐释》，程巍译，上海译文出版社，2011年，第324页。

③ ［美］苏珊·桑塔格：《反对阐释》，程巍译，上海译文出版社，2011年，第333页。

形式。她认为现代小说家中很少有人是真正富有创造力的艺术家，一方面是因为小说被文字符号局限，很难产生形式上的巨变，技术更新缓慢；另一方面则是因为小说总是充满着过多的“内容”。在内容的重荷下，文学评价的实质是对文学内容背后的思想与道德的评价。人们关注的不是文学本身的文学性与艺术属性，而是将作品视为托词，通过文学作品审视当下社会，对其做出诊断。桑塔格尤其批判了马修·阿诺德将文学与道德捆绑在一起，让作品中充斥说教的思想。她认为以阿诺德为代表的西方传统依然没有意识到非文学的文化意义，依然固执地陷入两种文化的对立中，在将文学视为典范的同时也排斥了其他非文学的形式。这正是桑塔格和纽约老一代知识分子的差异所在，她不再将文学视为文化中最重要的部分，反而关注其他艺术形态中的新进展，并且拒绝内容对艺术的过多干预。可以说，她敏锐地抓住了巨变的美国 60 年代的特点：文学艺术不再具有唯我独尊的地位，传统功效逐渐淡化，取而代之的是艺术与非艺术边界的模糊以及各类形式的繁盛。曾经被认为重要的“内容”，现在逐渐让位于“形式”。因为艺术的创新主要是形式上（如手法、材料等）的创新，而非内容的创新。这体现出“新感受力”的典型特征：强调形式、忽略内容是为了让人们的艺术欣赏落脚于“感性”与“审美”。“当代艺术的基本单元不是思想，而是对感觉的分析和对感觉的拓展（或者，即便是‘思想’，也是关于感受力形式的思想）。”① 在观赏艺术的过程中，占据支配地位的不应是人们的思辨，而是物我相遇时所产生的感性冲击，这种感性以形式为依附，最终是要将我们从理性占据上风、感性被压制的状态中解放出来。当今的艺术典范是“内容要少得多、道德评判方式要冷静

---

① ［美］苏珊·桑塔格：《反对阐释》，程巍译，上海译文出版社，2011 年，第 329 页。

得多的艺术”[①]，这类艺术的重点是形式与风格及其形成的新感受力。因此，桑塔格不停地呼吁，人们应该动用自己的感性去感知生活，而不应该被思想束缚。

同时，桑塔格对形式的强调也体现出她对艺术自律的维护。与他律相对，自律是指审美的自治性。艺术自律认为审美判断的依据应该存在于艺术自身，而不应该存在于艺术以外的伦理、宗教等他律之中。在桑塔格心里，对内容之所以不该给予过分关注，就是因为内容总裹挟着来自他律的元素，给艺术欣赏与创作带来干扰。内容是不纯粹的，通过内容人们能看见道德、政治、伦理，偏偏看不见艺术本身。而艺术之所以成为艺术，绝对不是因为内容，艺术的内容可以存在于各个领域，而艺术的形式却是艺术独有的。因此，只有专注于形式，我们才能真的感受到艺术。

可以说，新感受力是桑塔格思想的核心。她在60年代进行的批评活动均是围绕着“新感受力”所强调的“法则”进行着的。透过新感受力，我们能够感受到她对感性、形式、多元化艺术的关注，对内容、道德的淡化，对精英-大众、高雅-通俗等二元对立的破除。“新感性”也是一个出发点，她的其他思想可以看作出于倡导“新感性”的需要而在具体领域对症下药进行的更为细致的阐述。其中，“反对阐释”是她在文艺批评领域所提出的准则。

初次听到“反对阐释”，或许会认为桑塔格具有一定程度的“反智”倾向，毕竟言说一直在文艺活动中扮演着重要的角色，如果杜绝一切的阐释，杜绝语言对艺术活动的描述、总结，那么艺术或许就会走向虚无。因此，破译其“反对阐释”思想的关键

① ［美］苏珊·桑塔格：《反对阐释》，程巍译，上海译文出版社，2011年，第328页。

在于为她所言的“阐释”进行精准界定。正如她所言，她不反对广泛意义上的阐释，也不认为艺术作品不可言说。在某些语境内，阐释带来的是新视角，是进步的、具有重要意义的，而在某些语境内，阐释却是僵化的、荒谬的。她反对的是后一种阐释。具体而言，是指对作品进行无止境的转换与榨取的阐释，此种阐释并非立足于作品进行解读，而是为了让作品适配理论，将它抽空成一串空洞的概念与理论对号入座，目的是阐明某种符码、规则，艺术只是借以阐释的工具而已。它有两个特点，其一，它往往具有复杂的转换过程，经过转换后的作品早已面目全非，大大削弱了艺术的意义，抽空艺术原本丰富的内容，往往呈现为一种过度的解读。由于无力面对复杂的艺术实践，在把作品概念化、理论化的同时，它只会毒害人们的艺术感受，钝化人们对世界的觉察能力。其二，这种阐释总是关注作品的内容，批评家似乎很少真正被艺术感染，而只是专注地挖掘作品中或许根本不存在的深层含义。因此，反对阐释，实则就是在反对某些理论家执着的挖掘文本之下的“潜文本”的行为：“现代风格的阐释却是在挖掘，而一旦挖掘，就是在破坏；它在文本‘后面’挖掘，以发现作为真实文本的潜文本。”[①] 这种阐述模式尤其以第一代纽约文人圈知识分子为代表，他们习惯性地破坏着作品本身的面目，甚至为了理论的适配而篡改作品的原意。桑塔格以卡夫卡的作品为例，有人把卡夫卡的作品当作社会寓言，有人当作心理寓言，也有人当作宗教寓言。这些阐释疯狂地簇拥着卡夫卡的作品，没有让我们走进卡夫卡的文本，而是陷入各种阐释的话语中。它们让作品变得更加复杂，并且遮蔽了其本身的样貌，妨碍我们去体会作品本身。

---

① ［美］苏珊·桑塔格：《反对阐释》，程巍译，上海译文出版社，2011 年，第 7 页。

桑塔格的“反对阐释”一说，乍看是在反对对作品无休止的阐释，究其内核，还是与她对形式、感性的强调以及对艺术品内容的淡化有密切关联，所体现的依然是与“新感性”一致的思想。如果深入思考“阐释”的来源，便会发现阐释与作品的内容总是有着密切关联：在前理论时代，人们对艺术抱有天真的态度，不去探究艺术作品在说什么，艺术也不必为自己的存在寻找理由。然而柏拉图提出的理式论改变了这一情况，他认为理式的世界是最真实的，人们生活的世界是对理式世界的模仿，艺术又是对现实世界的模仿，是模仿的模仿，与理式世界相隔三层，因此，艺术的地位很低。理式论也开启了西方源远流长的艺术模仿说。“艺术本身——而不是既定的艺术作品——才成了问题，需要辩护。”[①] 在这一模式下，人们认为生活具有某种规律、本质，伟大的艺术就是那些反映生活本质的艺术。围绕艺术进行的阐释也必定离不开艺术所要表达的意义。只不过在古典时期，由于作品大多是写实主义的，表现的内容较为明晰，形式不对意义的理解构成阻塞，与人们的集体经验相契合，阐释与作品原意尚且能处于相对和谐的关系。到了现代，艺术逐渐自律，不再对现实亦步亦趋，更多成为自我表达的媒介，作品的意义生产基于主体心灵世界，审美经验开始脱离日常生活，阐释无法再找到主观精神背后的本质，无法穷尽心灵的隐秘与复杂性，反而会对这种作品所呈现的感性进行遮蔽，阐释与作品的冲突日益强烈。然而，无论是古典时期还是现代的阐释模式，其核心都未改变：它始终认为艺术的价值不在艺术自身，而在于外部世界，外部世界是通过艺术的内容体现出来的，因此阐释往往只注重艺术的内容，因为阐释者认为艺术的绝大部分意义都存在于内容中。艺术就是在说

---

① ［美］苏珊·桑塔格：《反对阐释》，程巍译，上海译文出版社，2011 年，第 4 页。

什么，艺术也总是在说些什么，阐释者需要分析、揭示艺术说的话，而置艺术如何说于不顾。因此，艺术批评不是以作品呈现内容的独特形式为判断依据，而是以作品呈现的内容本身为准则。艺术被简化成了它所关涉的那个事物，而审美活动中的具体审美态度、审美偏好，对关涉事物的着眼点、角度都被有意或无意地忽视了。

所以，反对阐释，就是在反对将内容置于更加优先的位置，桑塔格依然强调的是感性与形式的意义。艺术作品的价值评判不在内容中，也不在僵化的意义中，而在形式中，在于艺术之为艺术的特性，以及它为我们提供的审美体验与感受力。“《反对阐释》呼吁一种新的批评形式，不仅是为了让先锋艺术变得更易于理解，也希望在她的帮助下，作为一个整体的社会能够敏感起来，从而可以为这种形式反哺新的经验。”① 我们接近艺术品的方式不应是在对阐释理性的屈从下执着地追求内容、意义等外在之物，而应该是通过审美体验感悟作品所具有的感受力，并体味这种感受力所带来的对心灵与情绪的冲击。艺术不是别的东西，艺术语言也与其他话语不具通约性。这依旧是对艺术自律的维护。

无休止的阐释揭露了理性知识过剩的环境下人们的感官却变得麻木、感性被压抑的现状。“去阐释，就是去使世界贫瘠，使世界枯竭——为的是另建一个‘意义’的影子世界。”② 桑塔格认为，感性经验需要被培育与尊重，并且，由于阐释总是绕过形式去探究作品的内容，总是理性地对作品条分缕析，反对阐释不仅体现出感性对理性的优先性，也体现出在身－心维度下身体的

① ［德］丹尼尔·施赖伯：《苏珊·桑塔格：精神与魅力》，郭逸豪译，社会科学文献出版社，2018 年，第 109 页。

② ［美］苏珊·桑塔格：《反对阐释》，程巍译，上海译文出版社，2011 年，第 8 页。

优先性，因为身体总是直感的，而心灵却是思辨的。对形式的感受通过感官进行，对内容的分析却诉诸心灵、头脑。难怪桑塔格在谈及反对阐释的时候强调，我们需要一门“艺术色情学”。反对阐释针对的是艺术批评，艺术色情学则更多从具体艺术形态方面丰富了“新感性”的内涵。

将色情对立于阐释，不仅体现出桑塔格对阐释现状拨乱反正的决心，还体现出她对色情细致入微的体悟。与阐释不同，色情和理性的距离较远，直接诉诸感官，与审美过程的关联大，它最能体现出感受力的直接性、感官性，在身一心中毫无疑问地偏向前者。提倡艺术色情学，实则在进一步强调感官在艺术中的重要性，审美活动只有通过感官作用于主体，才能带来审美愉悦。因此，“色情”并非如字面之意般简单，落脚点还是在审美上。正如桑塔格所言，艺术色情学绝不等于“黄色物品”以及与之相关的电影、绘画、文学等，因为黄色物品会有意地激发人们的性欲，但艺术不会。即使激发了，这种“性欲”依然处于审美体验的范畴内，会被审美体验所带来的“冷静的、宁静的、沉思的、神闲气定”平息，这也是伟大艺术的魅力。桑塔格的“艺术色情学”归根结底还是一门艺术范畴的感觉学，之所以选择色情作为应对阐释的良方，是因为艺术色情创造的视觉形象能让感觉的强烈度与持久度最大化，颇有“新感受力”之意。而这些拥有力比多能量的作品能够提供给人们的无外乎体验，是所听到、所见到的东西，远比那些被硬塞进大脑的思想、概念、形而上学更深刻、真实。

提倡艺术色情学，也体现出桑塔格为“性”与“色情”正名的意图。那些被列入色情范围的作品很少得到过公正的对待。在这方面，英美批评界远比法国落后，对于色情文学的存在的偏见始终与传统的文化观念联系在一起。批评家依然以现实主义作为评判包括散文在内的所有文学作品的准绳。在现实主义的视角下，色情小说无疑是一种夸张的幻想："众所周知多数男女都没有色情文学中的人物所享有的那种性能力：器官的大小、高潮的次数和持续时间、性能力的灵活多样、性活动的能量，所以这一切都显得非常夸张。"[①] 因此，色情文学得不到重视与肯定，这其实体现出批评在日益丰富的创作实践面前的虚弱无力。毕竟在 20 世纪后，文学的发展早已呈现出多元化的形态，早已突破了现实主义所划定的范围。倘若依然抱持着陈旧的观念对其进行评判，不仅会埋没作品的意义，还可能钝化我们的感受力。桑塔格就认为色情文学所表现出的幻象与想象力是有价值的，色情想象力创造了一个总体性的宇宙，"它的力量可以吸收、变化和转换所有进入其中的关系，并将一切都降格成唯一的通货——色情需要"[②]。这也是一种有关世界的想象力，不对现实亦步亦趋，且色情文本往往是破碎的、不连贯的，对现实主义文本那种追求整体性的经典叙事模式构成了挑战，体现出色情文学的自律性。在现实主义文本中，丰满的形象、严肃的主题、完整的情节给予读者更多的是教化，它压抑了快感，而色情文学会直接带来阅读的快感。并且，色情文学引起的兴趣是具有普遍意义的：桑塔格分析了法国作家波林·雷奇（Pauline Reage）的小说《O 的故事》（*The Story of O*）并指出，表面化的色情描写之下是有关癫狂的意识状态的描写，这本书主要在探讨人的意识状态，并且就这部作品具有的创造力、真实性、彻底性而言，它与其他有价值的文学作品没有本质差异，都能够有效激发我们的感受力。色情也不仅仅与性欲联系在一起，更重要的是它作为一种美学现象的有效性。现实生活中的秩序与准则不能完全适用于艺术，那些在现

① ［美］苏珊·桑塔格：《反对阐释》，程巍译，上海译文出版社，2011 年，第 51 页。

② ［美］苏珊·桑塔格：《激进意志的样式》，何宁等译，上海译文出版社，2007 年，第 71 页。

实生活中让人反感、被当作禁忌的道德伦理、意识，在艺术中却是值得表现的对象，因为“艺术所承担的职责之一就是冲击、占领意识的前沿（通常对艺术家个人而言是极端危险的）”[①]。

色情艺术强调了身体的重要性，一方面是观众的身体，另一方面是文本的身体。阅读色情文本，就是在和一个“色情身体”打交道，在色情文本中能够直感到这一身体的气息、看到身体的动作，对身体的“触碰”取代了理性的觉知。如果说作为一种美学现象，艺术色情学再次强调了不被“思想”侵占、获得直接的感受力的重要性，那么沉默美学与坎普美学作为另外两种受桑塔格提倡的美学，则从不同角度再一次强调了这一观点。换言之，沉默美学、坎普美学、艺术色情学共同构成了“新感性”的三种具体形式。

沉默美学的产生根植于艺术正在经历的危机。一方面，这是现代艺术家追求“绝对性”神话的结果，另一方面也体现出对语言的反思。它表达了对当下语言的不满：随着语言在娱乐、广告等领域的堕落，语言的声望逐渐下降，它们只能塑造萎靡的、类型化的心灵。一方面，我们似乎缺乏语言；另一方面，我们又拥有过剩的语言。语言既是人类实现交流、超越自我，从孤立走向交往的工具，又是易受污染的媒介，在所有用以完成作品的材料中，语言是最不纯净的，消耗得最厉害。这种困境与批判在宗教中也能窥见身影。基督教徒雅各布·伯麦认为，“亚当说的语言与所有已知的语言不同，是‘感觉的语言’，是直接表达感觉的介质，对于作为感性自然之一部分的生命来说，正好合适——所有动物都还在使用着这样的语言，除了病态的动物——人类”[②]。

---

① ［美］苏珊·桑塔格：《激进意志的样式》，何宁等译，上海译文出版社，2007 年，第 50 页。

② ［美］苏珊·桑塔格：《激进意志的样式》，何宁等译，上海译文出版社，2007 年，第 24 页。

随着历史的变迁，自然语言逐渐从身体与感觉中分离，语言开始走向堕落，成为空洞的、虚假的事物。因此，“沉默”是从“身体”层面出发对语言的救赎。正是因为理性对身体感官的压抑，语言离开了身体，它不再通过言说者的感性存在表达，变得僵化与程式化，不可避免地虚假、堕落，失去了在民众中的公信力。因此，以“沉默”这种触动身体感官的话语与身体再度联结便是恢复“感性语言”的必要步骤。桑塔格认为，在这个时代，继续探索“感性语言”的不是宗教分子，而是艺术家，他们的探索将从他们对待艺术的态度与作品的形式中直接体现出来。现代艺术背负追求“绝对性”的使命。面对已有的艺术法则，要做到这一点，就需要对现状进行超越。具体而言，现代艺术需要开拓艺术的表达方式，寻找新的语言、新的意义体系、新的主题。然而，追求新艺术的过程势必会与旧有的、普遍存在的认知与审美经验形成冲突。现代艺术家往往面临着两种意义及彼此敌对的局面，“一是他自己的意义（或是它的缺失）；一是扩充，同时也阻碍、危害、混杂他自己语言的第二层意义”[①]。究竟应该取悦观众，给予他们已有的熟悉的东西，还是应该勇敢地冒犯观众，给他们未有的、不希望得到的东西？这些艺术家毫无疑问选择了后者。在语言贬值的当下，沉默的威望却在上升。他们采取的是背离受众的激进姿态，力图使受众困惑、挑战受众。运用沉默，在作品与受众之间设置了重重屏障，并通过这种陌生化让艺术疏离日常经验。

然而，此处的“沉默”并非真正的沉默，作品可能依然在不断地说话、表达，只是用受众听不见、不能理解的方式进行，并且，沉默美学的目的也不是要让作品成为孤立自足、无法感受的

① ［美］苏珊·桑塔格：《激进意志的样式》，何宁等译，上海译文出版社，2007年，第17页。

存在，相反是要扩展人们的感受力。沉默与语言是不可分割的，两者互为存在条件以及证明对方存在的方式。没有语言，谈不上沉默；同样，没有沉默，语言也难以凸显自己的存在。即使沉默意味着无话可说、无物可表现，但它依然是以一种话语的形式呈现在我们面前的，例如“留白”的艺术手法能让我们更好地领悟作品的意义；沉默可以是对思想的否定，但也可以是对思想完整的证明——正是因为思想达到完满，所以不需要多余的语言，只需要沉默。在艺术中运用沉默，依然是起到凸显艺术形式、引起主体注意的作用。在桑塔格看来，艺术中若充斥着太多的语言，会阻碍观众对作品的感性体验，因为这些话语可能会框定作品的意义，不利于开放的欣赏。沉默的艺术通过削减掉无意义的、虚假的语言变得精简，反而能够集中观众的注意力，从传统的“观看”变为“凝视”，让观众抛开那些非艺术元素，直击艺术本身。“如果艺术作品的各个元素都被赋予更加有力和更富有个性的内涵，它们就需要更多的精神空间……”① 可以说，桑塔格提倡沉默美学依然是要拓展受众的“新感受力”。正如伟大的艺术总是存在一些不可言说之物，沉默展现了语言难以表达的精神与意识，这些不可言说之物抵制住了无处不在的喧嚣的语言，为拓展受众的感性认识提供了空间。沉默的作品是完整的，它带给人的是“无法形容、难以描述和不可言喻的效果”②，虽然看似是拒绝与大众的交流，实则却是以另一种言说与表达刺激人们的感受力。

沉默美学也同样回应了如何“反对阐释”这一问题：那便是沉默。桑塔格认为“艺术家的活动就是创造和建立静默，有效的

① ［美］苏珊·桑塔格：《激进意志的样式》，何宁等译，上海译文出版社，2007年，第30页。

② ［美］苏珊·桑塔格：《激进意志的样式》，何宁等译，上海译文出版社，2007年，第33页。

艺术作品只剩下一片静默”[1]，因为沉默的作品是难以被阐释的，阐释者找不到落脚点，没有来自道德、伦理的意义，放下了语言的重荷。这颇有种既然阐释无孔不入，那艺术就干脆走向另一个不可阐释的极端以保护自身、拒绝他律侵害之意。“新感受力”需要的正是一种摆脱深度模式的本真的“沉默”状态。

如果说“沉默美学”从清空语言、摆脱理性思维的反向角度来契合“新感受力”的“感性直观”，那么“坎普美学”则从正向的“审美”愉悦来凸显感性的地位。谈论“坎普”，就需要谈及关于风格与风格化艺术的划分。之所以用“风格”，而不用桑塔格所强调的“形式”，是因为“形式”一词在漫长的使用过程中已经被曲解。人们对于形式的偏见难以消除：固有观念总是在内容-形式的二元对立中偏向前者，认为形式只是为内容服务的工具，将形式等同于艺术品的物质材料。在这种思维下，形式是可以被抽离的，可以从作品中割裂而与作品核心毫无关联，就像外衣随时可以脱掉。桑塔格不愿意再沿用这一僵化的体系，而选择发明新的描述性词汇去对作品的“形式”进行描述。她希望用“风格”去克服传统形式论的缺点，加之内容与形式长期处于割裂的状态，她也有意在“风格”的范畴内弥合两者。

“风格”即是“艺术家在其中安排艺术形式的一种特别习惯”，不难发现，这与“形式”概念有许多重合之处，因为艺术家正是通过对作品元素的独有安排来突出、强化人们的感觉。“风格”概念的独特之处在于它具有一种总体性，不仅涵盖了那被强调的形象，而且包括那种弱化的安排。风格放弃了内容和形式的二分法，指向的是总体的表现力。这种表现力是需要运用直觉把握的，不能条分缕析。这也是“风格”与传统“形式”的差

① 苏珊·桑塔格：《反对阐释》，程巍译，上海译文出版社，2011 年，第 25 页。

异之处。风格正因为不能被分析，所以就不是指向作品某句话或部分，而是指作品处处都能感受到的那种“必然性感觉”。“最吸引人的艺术作品，是那些使我们产生一种艺术家似乎别无选择的幻觉的艺术作品，他是如此全神贯注于他的风格。”这种表现力就涉及审美体验，它不是一种知识，不提供我们理性的看法，而是一种完全感性的东西，强调的是怎么说而不是说了什么。而作品的特殊性恰好在于作品的风格及其传达的表现力。

“风格”超越了形式与内容的对立，不是对内容与形式非此即彼的强调。“风格化”则更偏向于形式，是当艺术家在题材与方式、主题与形式中间做出绝非不可避免的区分时，艺术作品中所显露出来的那种东西。如果说“风格”具有浑然天成的特性，那么“风格化”就是出于对形式的有意强调而导致其从作品整体性中凸显出来的一种状态，追求的是一种装饰性、单一的表现强度。因此，风格化作品不那么和谐，会存在结构散架。

毫无疑问，“坎普美学”归属于风格化艺术，但是桑塔格并非以批判的眼光看待这种艺术，反而肯定了其价值：它反抗了艺术应具有道德功用的思想，反对严肃，提倡趣味，提供给受众的完全是审美体验。那么，什么是坎普呢？目前还没有一个精准的定义，桑塔格也反对对坎普进行规范性的界定。因此，我们只能从她的描述中去体会“坎普美学”。它的突出特征就是“人为性”，是对“非自然之物的热爱，对技巧和夸张的热爱”，例如被制作成了开花植物性状的照明设施、岩洞形态的起居室等。王尔德是坎普美学的代表人物，他认为“一个人应该要么成为一件艺术品，要么穿戴一件艺术品”，他把审美切实带进了日常生活中，践行着生活艺术化的准则，标新立异又充满个性。“坎普是唯美主义的某种形式。它是把世界看作审美现象的一种方式。”① 并且，它极具装饰性，往往是抛弃内容来突出风格、质地等感性成分，它是夸张的、铺张的，“坎普是一个身穿由三百万片羽毛织成的上装四处游荡的女人”。但是这种铺张、夸大在桑塔格看来不是矫揉造作，而是应对现实而生的真实需要：由于过度阐释对审美自律的无视，艺术成为说教、道德的工具，因此需要大量的、纯粹的美来彰显审美自身的力量与价值。在这里，只有“美”，没有其他；技巧与风格是坎普“成为坎普”的重要途径。岩洞起居室、植物形设施、三百万片羽毛织成的上衣，无不需要技巧的参与，也正是这种技巧体现了“‘风格’对‘内容’、‘美学’对‘道德’的胜利”。坎普也是一种在物身上寻找“非它”元素的努力，“非本来”的面貌所呈现的是一个崭新的感性形象。坎普为受众呈现出的是形式走向极端后的美学形态，或者说内容也成为一种形式，带有几分反严肃的游戏性质。

同时，坎普也是一种“失败的严肃”。可以明确的是，坎普肯定不属于所谓的“高级文化”，因为这种文化的严肃性与真、善、美有密切联系；坎普也不属于先锋文化，因为先锋文化的严肃性与痛苦有密切联系。坎普的严肃性在于它既废除了前两种文化界定的严肃性标准，又没有彻底放弃对严肃性的追求，这是一种不同的准则——坎普艺术家的创作态度是严肃的。“新艺术的艺匠把盘绕的蛇雕刻在自己制作的灯具上，不是图好玩，也不是为取悦他人。他非常认真地说：瞧，东方情调！”② 但是，坎普又有种旁观者的色彩，它不完全介入事态，而是选择“站在一旁”。它并不是有意摒弃高级文化的价值，而是一种带有必然性

① ［美］苏珊·桑塔格：《反对阐释》，程巍译，上海译文出版社，2011年，第303页。

② ［美］苏珊·桑塔格：《反对阐释》，程巍译，上海译文出版社，2011年，第309页。

的结果，追求坎普的过程就是会导致无法达到高级文化或先锋文化的“成功”。因此，桑塔格认为，不是所有坎普都真的是坎普。只有纯粹的坎普，只有在严肃的努力造成失败后的坎普，“只有那些适当地混合了夸张、奇异、狂热以及天真的因素的严肃，才能算作坎普”[①]。与之相反的是一种刻意为之的坎普，它拼命让自己成为坎普却背道而驰，只抓住了坎普的表皮，而没有领略到其内在精神。因为它一开始就要让自己失败，它是奔着结果而去的。“纯粹的坎普通常是朴实的。知道自己是坎普的坎普（‘做坎普’）总是不那么令人满意。”[②]

当然，坎普的失败也为它打开了新的大门，传统美学价值在这里失效，坎普却拥有了独特的风格，带给人丰富的、戏剧性的感受力。由于坎普让事物远离了自己本来的形态，始终在美化一些被人忽视的、他人无法美化的存在，它其实暗含着对生命力的期待。这种期待体现在坎普对审美始终抱有的肯定态度，坎普艺术家们在努力寻找美的可能性，努力创造美，不懈地追求着新的审美体验。“虽然‘坎普’的品味表面上看是在肯定大众文化，但对桑塔格而言，它却并非对娱乐产业的肯定，相反，它是一种美学的过滤器，使人们能够生活在这种文化中。”[③]

二、桑塔格思想与“诺斯替主义”的关联

至此，我们可以勾勒出桑塔格早期思想体系的大致轮廓了：“新感受力”是她的核心美学思想与目标，要实现新感受力，在

① ［美］苏珊·桑塔格：《反对阐释》，程巍译，上海译文出版社，2011 年，第 310 页。

② ［美］苏珊·桑塔格：《反对阐释》，程巍译，上海译文出版社，2011 年，第 308 页。

③ ［德］丹尼尔·施赖伯：《苏珊·桑塔格：精神与魅力》，郭逸豪译，社会科学文献出版社，2018 年，第 101 页。

批判领域需要“反对阐释”，具体美学形态上呼唤“艺术色情学”“沉默美学”与“坎普美学”，这三者都强调审美自律与艺术中直感的、身体性的体验，都试图从各自的领域拨乱反正。我们也会发现，“道德”“伦理”是高频词汇，几乎贯穿了其言说的全过程，只不过这两者大都以一种“反派”的面目出现。换言之，这两者是桑塔格思想脉络共同要针对的目标，无论是提倡感受力，还是反对阐释，还是要沉默、纯粹的审美化，都是为了摆脱道德、伦理对艺术过多的介入与干预。

这种思想与精神似乎体现出桑塔格对传统犹太性的反叛或超越。就传统犹太人而言，他们积极履行神的戒律，以此来指导自己的行动。戒律明示了何可为、何不可，无形中设立了高与低、好与坏的分界线；“善”被视为最高的实在，并且具有终将被实现的必然性。然而，这些观念对桑塔格而言，都是需要在艺术中淡化的东西。她强调的是艺术作品中感性与审美的首要地位、对艺术边界、题材禁忌、表达形式的突破，艺术表现色情的合理性。并且，她也反对艺术中的既有等级制，致力于打破好与坏、高与低的艺术偏见，扩展艺术界限。可以说，当桑塔格提出“新感性”之时，看上去似乎就已经和传统犹太性有了某种分离。毕竟，新感性强调审美的自治，反对他律对艺术的干扰，这一他律中已然包含了宗教。新与变是桑塔格以“新感受力”为核心的思想体系[①]的重点。她关注的是日新月异的艺术实践，提倡的是与旧有思维方式背道而驰的新观念，这也是她与由老一辈犹太知识分子所组成的纽约文人圈的背离之处。相较而言，老一辈纽约文人圈则更带有典型的犹太人特征，无论是强调文学的道德性与外部批评对文艺的介入，还是执意在高雅与低俗、精英与大众中划

① 尽管她很反感“体系”一词，为了界定论述范围，我们暂且将她的整个思想概括为一个体系。

分界限，都体现出一种老套的、传统的精神。

纵观桑塔格 20 世纪 60 年代及之前的经历，很容易得出犹太身份对她影响甚小的结论。她在访谈中曾谈道："我没接受过正式的宗教教育。我童年时期的保姆是个天主教徒，于是星期天我经常和她一起去做弥撒。但我们家没有宗教仪式，我们都是犹太人；我二十五六岁才第一次走进一家犹太会堂。"[①] 这些似乎都与典型的犹太人生活相去甚远。然而，我们能够就此笃信桑塔格的思想脉络与其身份关联不大吗？事实或许恰好相反。需要注意的是，"犹太性"不是僵化的、被完全限定的概念。作为对犹太人特性的概括，它的表现形式是多元的。总之，解铃还须系铃人，如果说她的著述体现了她的思想，日记便为我们呈现了一个更加私人的、生活化的甚至更为真实的桑塔格。在桑塔格去世后，她的儿子大卫出版了她生前的日记，正是在她的日记中隐藏了这一问题的线索。

1956 年 1 月 15 日，她在日记里曾提到"诺斯替教"，后续所列书单中同样涉及"诺斯替"[②]。无独有偶，在桑塔格欣赏、神交的知识分子中，不少与诺斯替有密切关联，《土星的标志下》一书涉及的本雅明、阿尔托，均受到诺斯替的影响，而桑塔格的好友，则是诺斯替教神学教授的妻子。看来，日记中所写"诺斯替"并非巧合，而是暗示了桑塔格与它的联系。确实，如果我们稍微对诺斯替主义进行了解，就会发现桑塔格的思想中似乎留有它的影子。

那么，什么是诺斯替主义呢？狭义上这是指在古罗马帝国时期兴起的涵盖了诸多宗教流派的宗教运动与时代思潮，其中就包

---

① ［美］苏珊·桑塔格：《苏珊·桑塔格谈话录》，利兰·波格编，姚君伟译，译林出版社，2015 年，第 149 页。

② 参见［美］苏珊·桑塔格：《重生：桑塔格日记与笔记（1947—1963）》，大卫·里夫编，姚君伟译，上海译文出版社，2013 年，第 96 页。

括了犹太教中的神秘主义与作为基督教异端的诺斯替教派，“诺斯替主义普遍地体现在于当时的新柏拉图主义、斐洛主义、犹太教、神秘宗教等所有的哲学与宗教派别之中”[①]。广义上的诺斯替主义则指在不同文化时代中共享诺斯替倾向的思潮、艺术风格等。诺斯替主义的核心要义在于“灵知”，这是灵魂获得拯救的关键。

“灵知”所具有的特性，显现出它与桑塔格的“新感性”之间的关联：与基督教强调理性论证不同，“灵知”是一种直觉的知识，它不能凭借理智把握——我们可以通过外在于自身的途径获取理性知识，帮助我们对世界进行理性判断；但直觉知识只能通过自身获得，在我们与对象的直接相遇中，依靠着直觉与顿悟，而非外在的规律、法则把握。它强调的是在主客体融合中，通过神性自我与神性秩序的统一实现拯救。这其实和审美体验具有精神一致性，审美体验是“主体在具体审美活动中被具有某种独特性质的客体对象所深深吸引，情不自禁地对之进行领悟、体味、咀嚼，以至于陶醉其中，心灵受到摇荡和震撼的一种独特的精神状态”[②]。在审美活动中，审美主体与对象达到主客体的融合，依靠着直觉去获得审美愉悦，最后让心灵净化，感受到意义的圆满。它们都超越了日常现实，进入了一个更为感性的空间。并且，灵知的净化与拯救其实也是通过主体的审美体验实现的。

诺斯替主义对审美的注重也能从其言说方式窥见一二，诺斯替主义者对哲学与逻各斯的反对使他们选择神话的方式呈现思想，以叙事替代干枯的说教，以丰富的形象代替单一的语词。例如，“灵与魂是从水与火出来的。新房子之子是从水、火与光出

---

① ［美］汉斯·约纳斯：《诺斯替宗教》，张新樟译，上海三联书店，2006 年，第 27 页。

② 朱立元：《美学》，高等教育出版社，2004 年，第 104 页。

来的。火就是圣膏，光就是火……它的形状是白的，它明亮美丽，也发出美好”[①]。这种充满活力与想象力的神话，已然有种以“审美”对抗“理性”的意味，也难怪诺斯替主义会从狭义的宗教运动走向广义的思潮。到现代时期，工具理性甚嚣尘上，它带来的问题与弊病也被更多知识分子认识，他们寻求改变。诺斯替的主张契合社会现实，为知识分子以审美对抗理性提供了灵感与支持。诺斯替主义在现代的一次次回潮中，逐渐演变成现代诺斯替主义，淡化了古代时期的宗教意味，突出了精神性与审美性。

因此，桑塔格受到当代诺斯替主义的影响，也是自然而然的事情。20 世纪 60 年代本就是一个动荡的时期，一方面，两次世界大战结束，科技理性造成的负面影响已成为社会问题，启蒙主义者允诺的幸福并未到来；另一方面，在文艺领域，质疑与反叛声愈加强烈，现代主义希望颠覆 50 年代死气沉沉的创作方式，发出自己的声音。面对理性对艺术的过度干预，桑塔格毫无疑问是维护审美自律的，她反复言说感受力在审美活动中的重要地位，抵触形而上学渗透艺术的现状，并且强调用直觉而非概念去把握艺术，这些都显示出了诺斯替教对她的影响。在这背后，是对人的肯定；在理性对人性造成挤压时，人的体验、感悟被放在第一位。

诺斯替主义与传统犹太教有明显的精神一致性。犹太教先知被认为天然地具有在上帝和民众间进行沟通的能力，上帝的启示是通过直接向心灵显现的方式，而非通过理性思辨传递的。先知引领着犹太教的前进方向，先知们的观念又来自直观，这就与诺斯替主义所看重的“灵知”的获取源于感性直观有着异曲同工之

① ［美］罗宾逊、史密斯：《灵知派经典》，杨克勤译，华东师范大学出版社，2008 年，第 169 页。

理。因此，传统犹太教很少去研究思想上的概念，也不深究哲学问题，甚至不用理性去推论。许多学者都在寻找当代诺斯替主义的历史源头，其中，代表性人物盖伊·斯钟萨（Gedaliahu Guy Stoumsa）在《别种后裔：诺斯替主义神话研究》（Another Seed：Studies in Gnostic Mythology）一文中，就认为诺斯替主义的源头来自犹太教，这也从侧面印证了两者的关联。

因此，桑塔格身上其实就隐藏着犹太性的影子——她受诺斯替主义的影响，而诺斯替主义又与犹太教的精神契合，甚至其源头可能就来自犹太教。我们或许不能轻易发觉其中的关联，它就像一条隐而不显的线索，存在于她的思想脉络中。1956年日记里那个简单的词“诺斯替教”，或许已为她日后提出“新感性”等颠覆性观点埋下伏笔。在那个僵化的时代，桑塔格的观念无疑向一潭死水的批评界投掷了一枚激起千层浪的重磅炸弹。它是令人耳目一新的，甚至是革新性的，她旗帜鲜明地与老旧艺术观决裂，在对感性、审美的张扬中，我们也能感受到她强烈的否定精神。

第二节　否定的精神

一、否定的对象

一个没有否定精神的人，难以发出振聋发聩的声音，正是否定，对惯例说“不”的态度，推动了历史与观念的前进。否定的精神是敏锐、有力、独立的。在这种精神的支配下，个体坚守着自我尊严与信念，与潜在的“敌人”战斗，以“否定”为武器，通过对僵化现状的揭露与打击，呼唤更良性、更适于当下的观念与秩序。桑塔格正是具有否定精神的知识分子，否定姿态存在于她思想的核心，“在我看来，唯一值得辩护的智能是批评性的、辩证的、怀疑和去简单化的”[①]。“否定”意识不仅仅是她为积弊的艺术现状开具良方的手段，更成为她思考的起点与精髓，从某种程度而言，也反映出她作为犹太人善于反思的否定精神。犹太教中“上帝从无中创造世界或自然”的启示就是一种“否定”意识的体现，在黑格尔看来，这一启示意味着“那纯粹的绝对的精神能动地否定自己，那显得是自在之物或自在存在的自然借此而被建立起来”[②]。犹太教中的上帝即是黑格尔所言绝对精神的主体表象，由于犹太人从上帝那里主要得到的是对“有限的卑微的现世生活的否定”[③]，这一精神状况也影响着他们对有限物的态度，“能动地否定”体现出犹太教精神对有限物的完全否定与超越。这种否定意识或许为我们一窥桑塔格的犹太性又打开了一扇窗。

“否定”是一个具有悠久历史的哲学范畴。作为逻辑术语，否定与肯定是对立的，一个命题不可能同时与它的否定形式一同为真。[④] 黑格尔也认为，“一切规定性的基础都是否定”[⑤]。在精神的自我发展过程中，理念的否定性引起的内在矛盾运动起了决定性作用。正与反相互否定，循环往复，这种“否定之否定”让精神不断上升发展并形成理论体系。

在当代资本主义社会，日常生活逐渐偏离启蒙精神所勾勒的蓝图，被全面异化。这其实体现出启蒙精神的理性发展到极端的后果，走向了自己的反面，成为异化的帮凶甚至始作俑者，它压

① ［美］苏珊·桑塔格：《苏珊·桑塔格谈话录》，利兰·波格编，姚君伟译，译林出版社，2015 年，第 54 页。

② 张汝伦：《德国观念论（第一辑）》，商务印书馆，2019 年，第 47 页。

③ 张汝伦：《德国观念论（第一辑）》，商务印书馆，2019 年，第 49 页。

④ 参见［英］尼古拉斯·布宁、［中］余纪元：《西方哲学英汉对照辞典》，王柯平、江怡等译，人民出版社，2001 年，第 668 页。

⑤ ［德］黑格尔：《小逻辑》，贺麟译，商务印书馆，1980 年，第 203 页。

抑感性，束缚精神，从人追求幸福生活的工具反过来变成人的统治者，成为一种“肯定的文化”。在马尔库塞看来，肯定的文化本是理想主义的，反映着对自由、美德、人性的追求，但当资产阶级稳固自身的统治后，它却成为一种压制的手段，目标不是实现人们的福祉而是控制思想，说服大众安于现状，服从“由‘整个文化’所肯定的社会秩序”①。在此，“否定”就成为知识分子对抗病态社会的武器。

桑塔格的每一个新观念几乎都是在否定旧观念的基础上确立自身存在的。明晰她否定的对象是什么以及她如何通过自己的观念实现这种否定，将对我们更深入地理解她的思想大有裨益。

首先，桑塔格是否定本质主义的。她批评阐释绕过形式追求内容，以及文学家依然将内容的重荷压于形式上，其实都体现了这点。因为秉持着事物中存在着不易发现的本质，要运用理性与知识，穿透表面的、具有迷惑性的现象把握它的思想，才会出现内容与形式的分离；才会将内容当作本质，将形式当作附庸，弃之一旁，执着地追求形式之后那更加接近理式的存在；才会认为作品的意义与价值根源于外在世界，根植于艺术对生活规律的反映。这种本质主义是形而上学思维的产物。形而上学作为对世界本原的研究，关注与坚信着现象背后存在着的本质，将真理、意义置于表象之上，坚持外在与内核的二元对立，并始终将天平偏向后者，追求终极实在。因此，桑塔格不仅是在反对阐释，更是在对形而上学进行质询。审美经验不能被泛化、概括、浓缩成口号标语以及一连串看似高深实则对艺术毫无帮助的阐释，审美经验始终需要从个体自身出发，也因个体的不同形成差异。我们不应去想那些宏大、空泛甚至僵化的概念，而应立足于鲜活的、生

① ［美］赫伯特·马尔库塞：《审美之维》，李小兵译，广西师范大学出版社，2001 年，第 40 页。

动的、时刻处于变化中的创作事实。我们要关注的正是这一个个具象化的作品与体验，它是微观与独立的，在对感性的把握中蕴藏着开启艺术之门的钥匙。

而这一点也与桑塔格否定语言的倾向联系在一起。“新感受力”“沉默美学”与“反对阐释”都或多或少表现出对语言的不满。当然，她肯定不是彻底的反语言，因为她的思想正是通过语言表述的，且她所关注的文学也以语言为物质载体。彻底的反语言将走向虚无主义。因此，她并不反对语言本身，她否定的是语言背后无处不在的理性：在一个思维已完全语言化的世界，语言中存在的积弊将给人对外在世界、对艺术的把握带来消极影响。语言是抽象的，它不能穷尽现实生活，甚至在概括世界的过程中还会抹杀细节，遮蔽事物的本来面目；语言在发展过程中，也不断遭到污染，与真实世界和人的感性认识发生分离，丧失原先的丰富性。然而，人们往往对此浑然不觉，因为“言说”本身已成为历史与社会意识的一部分，并且一代又一代传承下来，而语言本身的概括性以及语言中的历史意识却会戕害艺术的活力。艺术是一种内心的体验，它是不断变化、处于流动中的精神的产物，因而也是不能被分析、不可分割的。语言却是理性的载体，这种理性将艺术视为固定的、机械的东西，并妄图通过对艺术条分缕析来把握艺术。桑塔格认为理性根本不能把握艺术的流变，只会让艺术成为僵化的东西，用语言去阐释艺术实则是用智性对艺术进行侵袭。所以她提出，既然语言在艺术面前如此无力，那么就让艺术保持沉默，或用最感性的色情，或用纯粹的美来代替言说。

桑塔格也否定历史主义与现实主义的批评模式。在谈及两种文化观时，她认为，之所以会出现“艺术消亡”一说，原因之一就在于他们认为艺术是静止不动的，是固定的概念，科学却发展迅猛、日新月异。他们还是在用科技的线性发展模式来评判艺术，所以才会造成艺术如一潭死水、科学却是波澜壮阔的假象。其实，艺术的发展从来都不是后者否定前者的线性过程，相反，艺术的技巧、形式是一种共同存在的局面，这也是艺术与科学相比最大的不同。“艺术的进步，并不是科学技术意义上的那种进步，然而艺术的确在发展，在变化。”[①]“新”艺术的出现不意味着“旧”艺术的淘汰，“旧”艺术也不会框死“新”艺术的表达模式。在艺术的共时性下，作品会随着时代的发展愈发丰富多元，它不会像科学那样存在“后来者”总比“先来者”更先进的情况。所以，“艺术的进步，并不是科学技术意义上的那种进步”。

不难看出，桑塔格骨子里是反对用“进步”或“落后”的观念来评价艺术的。艺术会随着时间之流变化，但这种变化不一定就呈现为正向发展，更多时候，艺术自由地将自己的触角伸向未来，不存在线性的前进。用历史主义模式来衡量、左右艺术，势必会造成谬误，因为它最喜欢使用的就是“反对”“进步”这类标签，用达尔文式的线性发展观机械对待所有艺术。历史主义者总是自负地认为他们既了解历史的源头，也能够预测历史的走向。为了所谓的历史意义，他们不惜违背审美伦理，艺术在他们眼里只是一种手段。如果艺术不是立足于当下创作者境遇、感知与作品品质，而是妄图成为未来的代言人，艺术走下坡路就将是必然的。

我们也就不难理解为何桑塔格会直接地批评卢卡奇（György Lukács）的思想。她认为，卢卡奇的批评生涯分为两个阶段，在前期他撰写了《心灵与形式》等著作，虽然他的兴趣点主要在文学，但对其他艺术形式也保持开放的心态。逐渐的，

① ［美］苏珊·桑塔格：《反对阐释》，程巍译，上海译文出版社，2011年，第324页。

特别是五十年代后，他的目光越来越只局限于现实主义的框架内，偏狭且保守。在他看来，好的文学艺术必定是现实主义的，他常称赞的文学家如巴尔扎克、托尔斯泰等，都是典型的现实主义作家。“卢卡奇据以评判当代的标准，是一个道德标准，而且值得注意的是，这一标准取自过去。当卢卡奇谈到‘现实主义’时，他所指的就是对过去的看法的整体性。”[①] 为了用道德的、历史的眼光对待文学作品，并且让艺术为两者服务，卢卡奇拒绝现代主义。“卡夫卡（Franz Kafka）之所以是反动的，是因为他的作品具有寓言性的特质，也就是说，具有非历史化的特质，而托马斯·曼（Thomas Mann）之所以是进步的，是因为他的现实主义，也就是说，因为他的历史感。”[②] 卡夫卡作品在他看来是反动的，因为寓言化意味着去历史化，托马斯·曼的作品因为具有厚重的历史感而被认为是进步的。桑塔格认为，他的批评是机械的、僵化的，作品只要与过去保持着真实关系就是进步，反之则为反动。因此，卢卡奇对现代先锋艺术缺乏感受力，他给现代主义中表现意识、潜意识、象征主义以及寓言化的艺术统统贴上“反动”的标签，无视了这些艺术所具有的创造性，反而让自己倒退到 19 世纪保守批评家的水平。这一切都源于卢卡奇对批评家职责的错误理解：他认为批评家的职责就是阐释艺术创作与意识形态的关系。但在桑塔格看来，他的模仿论是非常低劣的。桑塔格对现实主义作品并非持全部否定的立场，而是否定这种粗糙的批评观：艺术成为道德的工具，艺术家成为道德的发言人，它不承认艺术作为自主形式的独立性，甚至还将形式看作历史主义的内容。“只有当历史主义的批评家和他们所有的门生能够把

① ［美］苏珊·桑塔格：《反对阐释》，程巍译，上海译文出版社，2011 年，第 92 页。

② ［美］苏珊·桑塔格：《反对阐释》，程巍译，上海译文出版社，2011 年，第 98 页。

艺术作品作为艺术作品（而不是作为社会学、文化、道德或者政治的文献）而进行关注，他们才能把目光投向二十世纪众多的伟大作品。”

除此之外，桑塔格对现实主义小说的叙事模式中追求宏大叙事、追求深度、深挖式的心理描写方面也持否定态度。她认为，《名利场》这类作品赚足了人们的眼泪与同情，但并没有打动她。“我不能忍受那种无所不知的作者向我展示生活是怎么一回事，赚取我的同情和眼泪，不能忍受他的肆无忌惮的冷嘲热讽，他的那种对他的人物无所不知的神秘的神气，不能忍受他试图让我（他的读者）感到我自己也对这些人物了如指掌。我不再信任那些使我的求知欲获得完全满足的小说。”① 这种叙述视角似乎是全知全能的，作者开始成为读者的“上帝”，受人们崇拜。在《纳塔丽·萨洛特与小说》一文中，桑塔格谈及纳塔丽（Nathalie Sarraute）对乔伊斯（James Joyce）、普鲁斯特（Marcel Proust）、伍尔夫（Adeline Virginia Woolf）的批评。尽管纳塔丽认为他们的心理分析依然是在为还原人物与故事、推动情节发展服务，但是他们实际创作的时候依然犯了对人物的潜意识进行挖掘的错误。桑塔格认为，现实存在于表层而非深处，再一次对小说深度模式表示否定。这也是为何她如此推崇色情作品的另一重要原因：色情文学的语言远离了真实性与历史性，它主要表现的是一种情感与意识的极端状态，清空了世俗认知，拒绝遭受世俗污染的语言与语言背后的教化与道德。色情作品的非现实性成为桑塔格用以质疑、对抗现实主义评判标准的利器。

尽管桑塔格承认某些现实主义作品值得阅读，但是由于她对历史主义与现实主义总体上不抱有好感，她对观众的拒绝与否定

---

① ［美］苏珊·桑塔格：《反对阐释》，程巍译，上海译文出版社，2011 年，第 113 页。

也在意料之中。她认为创作者应该给观众一些新的东西，而非熟悉的事物，这其实是在使观众的阅读期待受挫。人们对艺术作品的欣赏往往基于特定意识模式进行，这种模式是由其所受社会教育、个人经历、性格等综合因素决定的。因此，观众绝非如同一张白纸般面对作品，而是充满了各种前在的理解，他们在各自的理解视阈中对作品进行感受与评判。当然，观众也在不断接受着来自艺术家通过作品所呈现出的观念、感受、思维的冲击，这两者相互融合，形成新的视野。因此，基于传统艺术观的影响，人们会倾向于在作品中寻找“教化内容”，希望通过艺术作品使自己的道德提升。在桑塔格看来，这些都是不再适应现代主义艺术的阅读期待，也是她要极力否定的。她所强调的“新的事物”正是要去撼动与挑战观众的期待，让旧的意识形式得以更新。出于对观众旧有观念的拒斥，艺术家以及新作品需要一开始就对受众的期待做出否定姿态，并以此否定陈旧的艺术范式。在《事件剧：一种极端并置的艺术》一文中，桑塔格对事件剧的诸多特性表示称赞，不仅是因为事件剧挫败了人们的时间观念，营造出一种梦幻般的氛围，让语言的作用最小化，让正在发生的事情难以解释，通过超现实主义的并置与拼贴创造出新的意义或反意义；更是因为事件剧故意戏弄观众，通过消除舞台的概念以及可预测的装饰让观众恐惧与受挫。“不去迎合观众的那种想看到一切的欲望。实际上，倒常常故意地让观众摸不清头脑，采取的方式是在半明半暗的光线中表演一部分事件，或同时让几个事件在不同的房间里进行。”[①] 这种梦一样的暴力、噩梦般的感觉正是通过挑战、否定受众的期待视野形成的。

---

① ［美］苏珊·桑塔格：《反对阐释》，程巍译，上海译文出版社，2011 年，第 290 页。

二、具有否定性的美学形态

当然，桑塔格的否定意识不仅体现在对上述几种既定范畴与思维模式的反对中，她倡导的每一种美学形态都是一种否定的艺术，都饱含着强烈的否定性。沉默美学所谈及的对语言的背离与反省本身就是一种否定，此外，还从艺术家的角度展现了否定精神。艺术家活动的绝对性导致的困境使得艺术家逐渐走向沉默，这种沉默以两种方式存在。第一种是作为“惩罚”的沉默。惩罚分为社会惩罚、规训与艺术家的自我惩罚行为。就前者而言，由于艺术家的追求与反抗违背了社会意识形态，社会对其进行审查与监禁，艺术家及其作品被社会禁止；后者则突出表现为艺术家的精神失常。第二种是作为“决定”的沉默，包含艺术家放弃自己的职业与自杀两种行为。不难看出，沉默美学其实包含了艺术家的自我毁灭与放逐以及对艺术、对自我的否定。正是出于这一强烈的否定，他们选择了沉默，借助沉默将艺术、将自我从世俗的束缚中解放出来，不再愿意与大众进行交流。在他们趋向“善”的境界并最终达到“善”后，他们不再在作品中发声，沉默成为给予他们满足的终极姿态与情绪，“对工作的否定成为其有效性的新来源，证明了其无可挑战的严肃性”①。

沉默美学实则就是以沉默的姿态否定艺术，甚至走向“反艺术”的道路，也只有这样才能与世俗保持距离，从而拯救艺术与语言。“认定艺术的力量在于其否定的能力，艺术家在与观众的矛盾斗争中最有效的武器就是趋向于静默的边缘。”② 在坎普美学这种充满了对唯美主义的肯定的艺术形态中，也蕴含了否定的

---

① ［美］苏珊·桑塔格：《激进意志的样式》，何宁等译，上海译文出版社，2007 年，第 7 页。

② ［美］苏珊·桑塔格：《激进意志的样式》，何宁等译，上海译文出版社，2007 年，第 9 页。

力量。成为坎普的事物往往是老派精英所不屑的东西，“老派的纨绔子用洒了香水的手绢捂着鼻子，而且很容易昏厥，坎普鉴赏家则吸着气去嗅那些恶臭，而且为自己坚强的神经而洋洋得意”①。它其实是在把过去精英分子“看不上”甚至“厌恶”的东西与兴趣当作一种独特的美学来发扬，通过对以往审美范式的否定凸显自身的美学趣味，颇有种新的纨绔子弟站在精英的立场上去反对老派纨绔子弟的感觉。“坎普主张，良好的趣味并非只是良好的趣味；的确还存在着对劣等趣味的良好趣味（热内在《花之圣母》中谈到了这一点）。”② 并且这些坏趣味在经过坎普美学的改造后，形成了一种新的感受力，往往可以走向自身的反面，成为标新立异、充满先锋性的事物。这也是一种对以往审美标准的质疑与反抗，被认定为坏趣味的东西不一定就真的充满坏趣味，反而是评判标准出现了问题，有种否定之否定的意味；从“坏”到“好”的转变也是坎普美学的重点，那些在日常生活中毫不起眼、被人放弃的事物也能孕育美学的种子，事物是可以实现对自我的否定从而走向自己的对立面的。从这个角度看，坎普美学确实是充满了否定精神的美学形态，甚至可以说，它就是从否定中产生的。与沉默美学相似，坎普美学也体现出了“非艺术”甚至“反艺术”的气质，它的感受力正是基于那些被认为是“非艺术”与“反艺术”的事物与审美趣味而形成的。它其实否定了高级艺术“唯我独尊”的状态，让我们看到了“非艺术”“反艺术”所具有的强大审美活力。“坎普的体验基于这一重大发

① ［美］苏珊·桑塔格：《反对阐释》，程巍译，上海译文出版社，2011年，第318页。

② ［美］苏珊·桑塔格：《反对阐释》，程巍译，上海译文出版社，2011年，第320页。

现上，即高级文化的感受力并未做到完全细腻”①，而它的唯美主义特性，又让它获得了纯粹的感性意义，人们只能体验它，而不能言说它。这也是为何桑塔格迟迟不为“坎普”下定义，而提倡用描述性语言的原因。坎普具有“反语言”的特性，难以被思想、语言控制和框定，也不能被轻易纳入某种理论体系，反而对抗了语言思想对艺术的侵害；它反对严肃，提倡肤浅的快乐，也冲击了高级艺术用道德自我限制的困境。此外，坎普的对象是非自然的事物，由于它们都偏离了原初状态，就与现实主义沾不上边。坎普之物所以“新”，是因为它从一种事物转换成了另一种事物，这种必不可少的转换过程也是对现实主义的否定。现实主义推崇的是“自然物”，以及对现实亦步亦趋的反映，而坎普却不再模仿这个世界。通过夸张与铺张，坎普艺术消解了现实的“真实性”；通过将旧事物变形为新事物，坎普构建了一个崭新的艺术世界。人们不再透过艺术去看现实，而是去发掘一种只在艺术中存在的“新现实”。此种“变形”主要从形式上改变旧事物，为了突出形式不惜牺牲内容，它就有助于把观众的关注点聚焦于形态上，使其忽略事物的内容与功能，而对变形后的形式给予更大的关注。这也再次体现出坎普艺术对思想与内容的否定。

艺术色情学同样具有否定的精神。这种否定不仅体现在色情艺术本身的表现形式与特征上，还体现在色情艺术对资本主义社会的批判方面。桑塔格认为，色情文学不仅与色情有关，更是对人类极端意识的探索与描述，这种意识丰富而复杂，难以被社会规范与理性完全控制。人拥有两种“性”，一种是作为本能的“性”，另一种是作为文化的“性”。人们会在日常生活中努力抑制这两者的分裂，去压抑自己本能的“性”欲望，让“性”符合

① ［美］苏珊·桑塔格：《反对阐释》，程巍译，上海译文出版社，2011 年，第 320 页。

文化规范。但是，这种分裂依然存在，并且性压抑的状态会带给人自我丧失之感。色情文学正是通过描写癫狂、发疯的边缘状态，去探索这一意识状态以及色情所具有的冲破意识边界的力量。这些作品所表现出来的极端意识的原始性、真实性实则揭露了资本主义社会的失败："现代资本主义社会未能为人类永久的天赋——强烈的幻想迷恋——提供真正的排解，没能满足对于在注意力和严肃性上进行高度自我超越的模式的欲望，由此产生了巨大的精神创伤。"① 因此，桑塔格将艺术色情学视为社会内部的一种否定力量，它对抗着工具理性对人的统治，让那些被压抑禁止的意识形式有机会"重见天日"，最终激起的是人们对人性的思考。以乔治·巴塔耶的色情作品为例，他的作品与其说是描绘色情，不如说是在探讨一种痛苦的、矛盾的意识，最终关注着人的超越。

可以说，桑塔格的思想中到处充斥着否定精神，新思想的提出是以对旧思想的否定为基础的。正因对现实和艺术具有高度的敏锐性，她才能察觉到业已存在的诸多问题，并以否定和对抗的姿态勇敢地与其博弈。

第三节　救赎冲动下的受难、弥合与行动

一、道德与救赎

桑塔格的思想始终有一个指向，那就是救赎，救赎体现了她犹太人身份中的"救世主义"情结。"拯救世界"并非口号，也

① ［美］苏珊·桑塔格：《反对阐释》，程巍译，上海译文出版社，2011年，第74页。

并非指向彼岸的虚无缥缈的概念，而是现世的，通过切实可行的办法在行动中达成：之所以提出那些新颖的、具有颠覆性的观念，就是为了改变日益僵化的现实，重新恢复艺术的活力，让进入后工业社会的人们从麻木中苏醒。桑塔格的思想具有强烈的现实意义和针对性，是为当时积弊的文化艺术界及社会开出的良方：“新感受力”要恢复人们对艺术、对生活的感知，让感官处于敞开的状态，就含有将人们从工具理性的控制中解救出来，让人们钝化的感官重新敏锐之意。桑塔格想以此拯救人们的精神状态，摆脱工具理性对感性的侵害。从这个角度看，她的思想是对资本主义社会现状的回应，不是出于理论的推导，而是迫在眉睫的现实需求，并且她的思想也体现出了对时代的把握与洞察，始终是与“现实”联系在一起的。在第二次世界大战后，知识分子对政治的介入逐渐弱化，他们将文学、艺术视作避难所，希望在文化与价值上进行重新定位。他们将对资本主义社会导致的人的异化的批判转移到文化领域，坚持文化自治，希望文化能够获得拯救，真正体现出人文关怀。面对大众文化的风靡，他们选择了以高雅文化进行对抗，因为在他们看来，大众文化的批量生产特性只会使其成为社会的“帮凶”，制造一批“愚昧的人众”，只有高雅文化才能体现终极价值关怀，但这在无形中也造成了文化的分级：一边是被他们推崇、赞同，当作精神家园的高级文化；另一边是被他们不屑与无视的低俗的大众文化。但在桑塔格看来，这种二元对立是脱离现实的，老一代知识分子无视新技术带来的新文化艺术形态，如电影艺术、摇滚乐、即兴剧等，并把它们归为“低级趣味”的做法无益于艺术的发展，反而有种掩耳盗铃之感。与前人不同，桑塔格的思想正是通过直面现实产生的：她敏锐地抓住了正在萌芽与发展的新样态，对其进行描述、书写，致力于将其介绍给更多人；她看到了它们对高级文化与低级文化边界的打破，看到了艺术家不再拘泥于传统文学创作，而是运用多种媒介表达自我的创作实践，看到了它们所带来的“新感受力”。她所要做的，正是发掘新艺术的价值，用新的趣味对抗、颠覆僵化的文艺体系，让艺术作品、艺术评论在与时俱进中也起到唤醒冷漠、净化心灵的救赎作用，让人们重新恢复对世界的感受力。“桑塔格的批评话语透露着一种新左派亦即‘纽约批评家’的偏激，但她的意图却是希望对美国在战后走向后工业和后现代社会的过程中所呈现出的麻木不仁和在工具理性支配下失去人性本真的现象给予当头棒喝，渴望为因‘上帝死了’而失去信仰并呈现出精神危机的西方世界寻找一剂抚慰大众感官及精神的良药，而这副良药就是艺术的审美形式……”① 在阅读桑塔格的著作时，很难不发现这样一种略带救世主义倾向的立场。她密切地跟进现实，是为了真正让艺术具有救赎的现实意义。她不会因为维护某一种立场而无视另一种，始终保持着兼收并蓄的心态，只要一种艺术形态有助于改善现状、扭转陈旧观念，她都会积极地去感受与了解，因为她的立足点正是在现实中，而非理论里。

桑塔格的“救赎”思想也与对道德的关注有密切关联。无论是“新感性”还是“反对阐释”，抑或对具体美学形态的倡导，我们可能会不自觉地认为，在艺术领域，她就是反对道德的，反对道德对艺术的介入以及以道德来评价艺术，她赞同的是一种非历史性的、纯感性的、形式化的艺术。对道德、意识形态、历史主义等范畴的拒斥在美国 20 世纪 60 年代的著述中均有明显的体现。然而，事情果真就是如此吗？这也是桑塔格思想的复杂与多元性所在。如果说在 60 年代我们更多看到的是她对他律的反抗，进入 70 年代，特别是当她开始“价值重估”后，她骨子里的现代主义，对“严肃”“道德”话题的关注又重回我们的视线。这

① 王秋海：《反对阐释——桑塔格美学思想研究》，中央编译出版社，2011 年，第 19 页。

其中当然有对先前思想的修正，但也有一定的连贯性。“选择符合道德的行动”这点体现出她犹太身份中深深的道德感。

在早期，桑塔格反对道德干预艺术，认为伟大的艺术作品不必都与道德有关，给人一种“刻意淡化道德”的印象。但若进一步审视，则会发现她并没有从艺术中完全剥离道德，道德也绝不是被她忽视的因素，否则她不会用大量篇幅进行探讨，并且还认为道德是艺术的责任。问题的关键在于，她所言“道德”究竟为何种道德，以及在什么语境下成立。其实，在她笔下有两种道德，一种是广义上的，一种是狭义的，桑塔格对这两种道德持有不同的态度。就前者而言，桑塔格认为艺术与之是有紧密关联的，因为艺术能够引起道德愉悦，能够为意识带来智性满足。这种愉悦不是出于对某些行为赞同与否的愉悦，而是更宽广的，由审美体验带来的愉悦。因为“审美体验所固有的那些特征（无私、入神、专注、情感之觉醒）和审美对象所固有的那些特征（优美、灵气、表现力、活力、感性）也是对生活的道德反应的基本构成成分”①。我们面对作品时所做出的反应能够活跃感受力，而感受力又能进一步滋养我们的道德选择能力与行动力，这样，艺术就能在道德上起到救赎作用，让我们有所准备，有所思考，而非盲目服从。然而，桑塔格反对艺术作品去倡导或反对什么，也反对艺术作品被浓缩为特定的声明，如果将道德等同于某种具体的维护特定利益的道德，也即狭义道德，审美与道德则成为对立的了。在这种情况下，道德的偏狭会损害艺术作品的独立性与审美特性，艺术被认为瓦解了道德。不难看出，桑塔格对广义的道德是赞同的，甚至认为道德作为行为的形式与风格可以联系在一起，从而转换成感受力；而狭义的道德，才是前文所言

---

① ［美］苏珊·桑塔格：《反对阐释》，程巍译，上海译文出版社，2011 年，第 26 页。

“反道德”中的那个“道德”。

当然，桑塔格对道德的认识也有一个发展的过程。在中后期，桑塔格更充分地意识到道德的重要性，而道德与救赎也体现出更密切的关联。这一点，在她对摄影的论述中表现得尤为明显，她深化了“将道德视为艺术责任”的观点，反而对审美进行了淡化，在坎普中受到赞同的那些东西似乎在摄影那里又成为被反对的了。

如果我们顺着60年代的路子来审视摄影这一媒介，会发现它实则非常符合桑塔格“反对阐释”与“新感受力”的需要。摄影的超现实特征颠覆了传统的现实主义手法，开辟了新的观看视角，也让我们能够看到易被肉眼忽略的现实的细节，从而重新认识现实。在桑塔格看来，超现实主义甚至是摄影事业的核心——创造一个复制的世界，一个二级现实，一个由碎片、直接的视觉体验、并置、局部构成的世界，比自然视觉所感知的世界更狭窄，但更富有戏剧性。同时，摄影本身的直观性、形象性特质，使它成为难以被阐释的媒介，它是用视觉来构建意义的，因此以感性而非理性的方式触动我们的内心。“摄影呈现的是具体的‘经验’形象，由于它的易获取性，构成‘反对阐释’。”它所孕育、传播的这种感受力，正是契合时代的新感受力，能够让我们直接感受到作品本身的力量，而不需要对作品进行条分缕析；摄影是民主的，因为摄影“允许每个人都展示某种独特的、热忱的感受力”①。在摄影图像中，高雅与通俗、美与丑的界限进一步消融。摄影对被框取进入照片的现实平等对待，无论是草丛、天空，还是马桶、泥泞的街道，那些被传统艺术拒绝的题材都能够进入摄影的表现范畴；摄影也给人强烈的平面感，削弱了深度模

① ［美］苏珊·桑塔格：《论摄影》，黄灿然译，上海译文出版社，2010年，第148页。

式，我们不需要再绕过表象去寻找背后的本质，当世界成为表征，原先被桑塔格所否定的二元对立也就自然消解。摄影的机械复制特性冲击了“原件”的概念，再从艺术中寻找原型就显得十分徒劳，因此艺术开始从与其他作品的关系中找寻自己的合法性，而不再从与世界的关系中证明自己。

面对这一媒介，我们自然而然地会认为桑塔格是“充满喜悦的”，毕竟摄影的许多特性都符合“新感受力”的标准。直观性、感性、反叙事性、民主性，这些被她赞扬的特点都能在摄影里找到。然而，出乎意料的是，桑塔格却是充满忧虑地看待摄影，对摄影这一媒介对道德价值的破坏表示了深深的担忧。“无论为摄影提出什么道德要求，摄影的主要效果都是把世界转化成一家百货公司或无墙的展览馆，每个被拍摄对象都被贬值为一件消费品，或提升为一件美学欣赏品。”① 人们不停地消费着这些形象，又通过制造更多的形象来满足自己的需求，最终，现实成为消耗品。在传统上，美与模范联系在一起，如今到处都可以通过照片来展现美。摄影产生了新的、更加包容的美的准则，这种对现实进行的美化却可能会妨碍我们的认知。它让事物变得更好看的同时，也消除掉我们对现实的道德反应，图像并没有揭露现实，反而弱化了现实中的苦难，照片上的人和事物看起来都在道德上与其他人事一样。并且，摄影本质上是从流动的现实生活中摘取出来的静止片段，它脱离了与原先现实的关系，这在无形中切断了被摄者与观看者及世界的联系。它只提供图像，为我们呈现五彩缤纷的世界，在对现实的拆解与重组中排除了真正的介入，消除了拍摄对象的历史意义。

在这里，我们可以明显感受到桑塔格立场的转变。坎普艺术

① ［美］苏珊·桑塔格：《论摄影》，黄灿然译，上海译文出版社，2010 年，第 182 页。

里的那些优点在摄影中似乎成为缺点。当桑塔格赞扬坎普是美学对道德的胜利时，她无疑是将审美放在第一位的，也正是如此，她才会在不惜牺牲内容来突出形式、质地的坎普身上找到价值，并乐此不疲地玩味与欣赏。作为对一件物品进行的价值再投资，坎普善于将平庸转变为有趣，将旧转变为新，将废弃转变为价值，因此，坎普体现了艺术民主的原则。它不去为好的或坏的事物设立标准，相反，坏与好的界限被模糊了，因为坎普对它们持平等的态度。这种特性在摄影里也有所体现，摄影同样对事物等量齐观，并且大大扩展了题材的范围，那些丑的、边缘的、小众的东西都进入了摄影的题材范围。在 60 年代，桑塔格对这种民主化持赞许态度，但在 70 年代，面对摄影时，她却认为摄影拉平了事物的意义，从而消解了对象的历史性，只剩下表象。曾经被她拒绝的“深度模式”似乎又重新回到了她的视野中。此外，桑塔格所称赞的坎普的“纯粹美学形式”，在摄影这里又成为一个问题，她认为摄影对现实的美化削弱了我们对现实的道德反应与行动能力；坎普所具有的令人耳目一新、刺激感性的特点，在摄影中带来的不是解放，而是自我的萎缩，它在刺激感性的同时却让我们麻木。并且，在一次次的震惊中，它让原本不能忍受的事物变得可以忍受，降低了可怕事物的门槛。新事物带来了奇异与新颖，也同时带来了高昂的代价。摄影寻求视觉刺激，消解宏大叙事，反抗理性对感性的压抑的媒介特性不再是值得提倡的“新感性”，而成为一种道德的困惑。不难看出，桑塔格对摄影的关注与批判就是以道德为基点的，“试图在道德和历史层面上洞见影像”[①]。摄影在道德上引起的担忧远远超过摄影的新形式所带来的喜悦。单纯通过图像来激发观众的同理心是不太容易的，因为道德感的产生需要具体的语境，但照片却是脱离了语境的

① 王予霞：《苏珊·桑塔格纵论》，民族出版社，2004 年，第 212 页。

"原子"；甚至，摄影反而会引起道德的麻木。摄影以新的形象使我们震撼，为了持续的让我们感到新奇，它就需要不停地寻找新的画面，但新鲜感最终会使人麻木。那些曾经触动我们的图像，那些对痛苦、灾难的展示，不管视觉冲击力有多强烈，依旧会在反复观看中失去感染力。渐渐的，人们对恐怖的、充满苦难的图像产生了审美疲劳，甚至只当作一场电影或游戏。这种对图像产生的免疫力，不仅会让人们对图像中的事件熟视无睹，也会使人们对现实中的暴力置若罔闻，丧失对痛苦的感受。

道德与救赎是紧密地联系在一起的。桑塔格不再希望以审美为救赎的良方，唤起人们对世界的感受。在反复言说摄影是如何让人道德麻木时，她也就暗示了这一时期的侧重点——既然摄影是因为道德困惑而被她树立成"反面"，那么"正面"肯定是那些有助于道德的创作媒介。此时，桑塔格更希望通过对人们道德和认知水平的提高，最终达到救赎。不能引发道德感的审美只是对现实的美化，应该被批判和摒弃。摄影由于不能提高人们的道德意识，甚至会成为道德淡漠的帮凶，也就无助于人们获得救赎，它只能提供肤浅的刺激与娱乐，让人堕落。"一个资本主义社会要求一种以影像为基础的文化。它需要供应数量庞大的娱乐，以便刺激购买力和麻醉阶级、种族和性别的伤口"①，这也是桑塔格会表现出这么强烈的担忧的原因。"桑塔格不再扛起先锋艺术的大旗，而是去追问现代性永恒的精神革命和它对艺术与生活方式的道德内涵的塑造……"②

① ［美］苏珊·桑塔格：《论摄影》，黄灿然译，上海译文出版社，2010 年，第 263 页。

② ［德］丹尼尔·施赖伯：《苏珊·桑塔格：精神与魅力》，郭逸豪译，社会科学文献出版社，2018 年，第 128 页。

二、受难者

在圣经中，犹太人多以受难者的形象出现，受难也成为犹太性的一个典型特征。这可理解为上帝对犹太人的惩罚，犹太人要通过受难与赎罪来拯救自己的民族，最终目的是拯救人类。受难是他们的命运，他们只能服从上帝的旨意接受苦难，这也是为何从诞生起犹太人的头脑中就充满了“受难”观念的原因。受难是犹太性的一种具体表现，犹太性也是犹太人“不可剥夺的精神感觉”。因此，尽管犹太人生活在异国他乡，这种精神却依然或隐或现地存在于他们心里，时常通过某种形式体现出来。对受难的必然性的关注，在作为犹太人的桑塔格的文本里同样有明确的体现。

早在《反对阐释》一书中，桑塔格就提及艺术家的“受难”。在她看来，艺术是对艺术家意志的体现，艺术作品的源泉就是这一股意志力，“艺术是意志在某物品或某表演中的客观化，是意志的激发或振奋”①，甚至在谈论风格时，她也将风格视作“艺术家的意志的标记”。在意识层面进行探索，不仅是艺术的功能，也是艺术家的职责。然而，也正因如此，艺术家成为危险的意识探险家。因为他们需要不停地探索意识前沿，具备前卫与先锋的感觉，对意识深层进行磨砺与洗礼。他们在用生命体验艺术，也是在以“精神健全”为代价追寻艺术，结果则必然是艺术家需要不断地受难，接受痛苦，以达到自己的理想境地。在《作为典型受难者的艺术家》（The Artist as Exemplary Sufferer）一文中，桑塔格认为日记向我们展现了作家塞扎·帕维斯（Cesare Pavese）“灵魂的工作间”。在他的日记中，我们会感受到对自我

① ［美］苏珊·桑塔格：《反对阐释》，程巍译，上海译文出版社，2011年，第34页。

的发现实则就是对苦难的发现。桑塔格进一步评论："作家是受难者的典范，是因为他既发现了最深处的苦难，又有使他的苦难升华（就实际意义上而非弗洛伊德意义上的升华而言）的职业性途径。"① 这就将艺术家与受难者的身份紧密联系在一起了。她认为，作家承受着苦难，并把这苦难转化成了艺术，再次强调了受难的必然性。

《在土星的标志下》一书中，这种受难者的气质更是存在于她评论的诸多知识分子和艺术家中。艺术是受难的一种形式，孤独则是另一种：在她看来，这些艺术家面对工具理性的膨胀与宰制表现出了悲观、忧郁之情，他们所追求的与众不同的趣味及自身的价值都无法在现实中找到，他们选择了自我放逐与边缘化，疏离现实，承受着孤独。也正是他们的格格不入与离群索居，体现了对工具理性的反省与否定。本雅明是一个典型的例子，桑塔格关注的正是他的阴郁气质。他思想方式的独特性远超同时代人们的理解能力，他无法融入主流文化体制，尽管尝试着在大学找一份工作，或者当一名记者，但是都没有成功。主流社会将其放置在相对边缘的位置，他更多的是独自一人的状态，关注着自我意识。本雅明就像是一个"闲逛者"，自由地观察、行走、思考。而他那不断流亡的生活，也让他过着一种跳脱秩序的生活，迫不得已却也契合他的气质。在桑塔格看来，本雅明是自愿让自己处于边缘位置的，有意与主流保持距离，去承受流亡与孤独，去受难。但也正是在这种孤独中，本雅明不断探索着自己的意识，保持了自己立场的多元性。他在废墟中寻找对抗主流文化的宝藏，在片段、引文式的写作中使意义处于流动、开放的状态，表现出对传统的追求真理体系的否定。他的写作是格言警句式的，每一

① ［美］苏珊·桑塔格：《反对阐释》，程巍译，上海译文出版社，2011 年，第 46 页。

句都像是第一句，也像最后一句，句与句之间不必有逻辑关系，这样也让不同层次的观点可以互相映射，话语之间能够构建出多种可能性，而不是模式化的、成体系的，只能被冠以单一意义的言说。这种特性也契合了他的处境。在个人的精神追求面临社会中的工具理性压制时，他选择了返回自身，通过探索自我意识来构建精神家园，这反而促使他形成更独立的立场与更强烈的反叛意识。“土星气质的标志是与自身之间存在的有自我意识的、不宽容的关系，自我是需要重视的……所以，土星气质又是适合艺术家和殉难者的气质……艺术家和殉难者追求‘失败的纯洁和美丽’。”① 受难是他的必经之路，也反向成就了他。

艺术与孤独是受难的两种形式，而第三种则是最决绝的——自杀。只有少数艺术家最终选择了这一方式，但不少艺术家都或多或少有受难的“自我毁灭、疯狂”的倾向。阿尔托就是这样的意识纯粹的受害者。他被当作怪人关进疯人院，为了减轻病痛不得不吸毒，他持续承受着自己的思想折磨，而这种受难又成为他创作的主题与灵感的源泉。一方面，他希望将自己多元丰富的精神世界淋漓尽致地展现出来，但又难以找到能够完全展现他的内在精神的形式；另一方面，他希望展现意识的流动性，因而总是处于与语言的搏斗中。对阿尔托而言，使用语言成为另一种受难。语言将感官的、鲜活的东西变得死气沉沉，与他的意识、身体感觉发生了冲突，带给他精神上的痛苦。桑塔格所关注的正是这种受难过程以及他所做出的艺术努力。她认为，阿尔托之所以和其他超现实主义者不同，正在于他始终将艺术当作精神救赎的方式，艺术创作是为了去展现、把握意识，而非让意识为艺术服务。因此，阿尔托似乎也是自愿地被困于自我意识中，自愿受

① ［美］苏珊·桑塔格：《在土星的标志下》，姚君伟译，上海译文出版社，2006年，第117页。

难。他就像桑塔格所说的意识探险家，对意识的极限不懈探索着，不惜任何代价超越意识，大胆进行艺术尝试，以至于让自己陷入了疯狂。“超现实主义者是乐天派，相比之下，阿尔托心事重重，他至多只能充满疑虑地承认非理性的合法性。超现实主义者提出与意识玩谁都不会输的精心设计的游戏，而阿尔托则投身于一场‘收复’自身的殊死搏斗。”① 也正是他所受到的精神与肉体折磨推动了他创作“残酷戏剧”，用自己的生命经验推动艺术走向极致。不无悲观色彩的是，他所追求的容纳“全部意识”的艺术形式并不存在。因为意识是流动的，任何作品都难以让他满足，所以，阿尔托也是“意识的牺牲者”。

值得注意的是，在对阿尔托进行评论时，桑塔格也看到了诺斯替教对他的深刻影响：“阿尔托则在一种特殊的宗教感受力——诺斯替教感受力的迷宫里徘徊。”② 她认为，“诺斯替教的主要能量生成于玄学焦虑和极度的心理痛苦，即被抛弃感、作为局外人的感觉、为处在神退出的宇宙里不断对人类精神进行折磨的魔力所控制的感觉”③。这与阿尔托遭受的精神痛苦是相似的。自由的获得需要艰苦的准备，也契合阿尔托在扩展自我意识时需要经历的受难过程。诺斯替教认为，“每种人生都在展示外在压抑、迫害的力量与寻求救赎的焦虑不安、备受折磨之苦的个体精神之间的冲突”④。精神被抛弃，堕落在身体内，个人在社会中受困并被压抑。阿尔托也一再提及“自己收到陌生力量的迫害、

① ［美］苏珊·桑塔格：《在土星的标志下》，姚君伟译，上海译文出版社，2006年，第28页。

② ［美］苏珊·桑塔格：《在土星的标志下》，姚君伟译，上海译文出版社，2006年，第54页。

③ ［美］苏珊·桑塔格：《在土星的标志下》，姚君伟译，上海译文出版社，2006年，第54页。

④ ［美］苏珊·桑塔格：《在土星的标志下》，姚君伟译，上海译文出版社，2006年，第54页。

侵略和玷污”[1]，他在作品中描写了灵魂发现自己处于“物质”的状态下失去自由时的变幻无常。诺斯替教认为，灵魂需要被带出其躯体与个性才能获得拯救，阿尔托也为了寻找这种力量远赴墨西哥。桑塔格提到“个人的拯救需要与恶势力接触，向它们屈服，在它们手里受苦，最后达到战胜它们的目的”[2]，这与犹太教认为受难的目的是拯救自己的民族、拯救人类，具有很高的相似度。

在桑塔格评论这些艺术家与他们的“受难之旅”时，很难说她没有在其间投射自己的影子。不妨说，正是因为桑塔格同样是受难者，她才会从他们身上捕捉到这种忧郁的、受难的气质，详细描述他们的受难精神。这或许可以被视作一种共鸣。在桑塔格的一生中，她都承受着这种意识带来的痛苦，并通过她的思想、作品反映出来。这种受难意识与她的犹太身份有紧密关联，正是她的犹太性的体现。“所有这些加起来，构成了一部破碎的、含义丰富的作品集——一部由残篇构成的卷帙浩繁的集子。他留下的不是完成了的艺术作品，而是一次独特的出场、一种诗学、一种思想美学、文化神学和受难现象学。”[3] 这是她对阿尔托的评价，又何尝不是在评价她自己。

三、统一与行动

西方宗教学者马丁·布伯在《论犹太教》一书中总结了何为一般意义上的犹太性，将其归为三个观念，其中包含统一的观念

① ［美］苏珊·桑塔格：《在土星的标志下》，姚君伟译，上海译文出版社，2006年，第55页。

② ［美］苏珊·桑塔格：《在土星的标志下》，姚君伟译，上海译文出版社，2006年，第56页。

③ ［美］苏珊·桑塔格：《在土星的标志下》，姚君伟译，上海译文出版社，2006年，第19页。

与行动的观念。这两点在桑塔格的写作与身体力行的实践活动中都有鲜明的体现。

就前者而言，尽管桑塔格的思想是非体系化的，采用格言警句的形式表达自己的思想，追求不连贯与跳跃，但究其本质，她的思想体现出一种总体性与统一性。这种统一性显现出她为了弥合两个对立项（例如工具理性与审美、艺术与非艺术）之间的裂缝而做的努力。“新感受力”就是一个具有统一性的范畴。面对文化被分成文学-艺术文化与科学文化两类，桑塔格提出了一种文化的观念，这正是为了弥合不恰当的划分法所造成的分裂以及由此带来的人们对艺术发展的无视。新的形式与艺术精神早已萌芽，并最终产生一种新感受力。它与一种文化对应，强调感性的发展、强调艺术家从内容的束缚中解放出来。在新感性之下，科技与艺术你中有我、我中有你。艺术与科学一样成为专家的领域，艺术家将运用科技成果与元素，秉持着科学的精神进行创作，而作品的风格也将与科学风格靠近。作为一个总体性的观念。新感性拒绝对作品、对两种文化进行划分。依据新感性的评判标准，科技与艺术相互融合，不再分裂。传统所划定的艺术与非艺术、精英与大众的界限也不再存在。只要有利于拓展人们的意识，恢复人们的感受力的艺术，就是值得提倡的艺术。“风格”同样是一个具有统一性的概念。传统的形式-内容二分法不仅造成了这两者的对立，而且造成了强调内容、忽视形式，认为形式应该为内容服务的状况。加诸形式的物质性与装饰性隐喻，很容易让人觉得形式是可以被“揭开”的无关紧要的存在。人们就普遍认为形式是需要从作品中剥离的表象，内容才是本质。面对这一现状，桑塔格提出了“风格”的概念。风格是一种总体的感受力，它是形式与内容的统一，体现了作品存在的必然性。在这种情况下，一件作品就是一个浑然的整体，它不能被条分缕析或割裂，而是需要以感性直观去把握。风格弥合了形式与内容的分裂，不会提到内容就无视形式，或者提到形式就排斥内容，是一个整体性的范畴；在分析摄影这一媒介时，桑塔格虽然谈及了具体作品，但依然是从一个“统一”的视角来审视摄影的，而非将摄影分为数个分支与案例来分析。她认为，摄影构建了一种“看的伦理”，重塑了人们观看世界的方式。通过在世界中发现与创造可看之物，人们意识到能够看到什么以及什么值得一看。它也创造了美的新规范，事物的可见性成为重点。桑塔格将摄影视为一个统一体进行分析，而非关注具体流派，在她看来，摄影是一种改变世界的方式，无关乎用何种方法、对何种题材进行拍摄，而是一种总体性的改变，甚至在谈及道德时，桑塔格的着眼点同样是在“整体”与“统一”上，她反对成为具体声明的艺术，认为道德不应该被分成数个分裂的、为特定阶级利益服务的道德，而应该作为一个整体的概念进入艺术中。审美愉悦给人带来的滋养，能够让人们拥有更好的道德选择能力，但这种道德是单数的、作为意识的一般选择的道德。艺术当然要承担道德责任，但承担的不是具体的而是总体性的道德责任。由此可见，桑塔格是将道德视为统一的范畴与艺术发生正向关联的。在她的著述中还能看到许多类似的体现统一性的观点，这种统一性也向我们展现出她那活跃、充满创造力的语言背后的连贯性与犹太性。

如果要总结出桑塔格与其他众多知识分子最不同的地方，“行动力”肯定可以算是其中一点。有许多知识分子醉心于书斋，他们的文字或理论过于抽象化，或体现出沉浸于自我世界、远离公众的与世隔绝状态。然而，桑塔格却始终面向现实，始终是处于行动状态的。她的思想充满强烈的现实意义，是对迫切现实需要的回应。更重要的是，她不只是通过写作、著书来表达对所在时代的质疑、追问、希冀，更是走出书斋，身体力行地参与各种活动，怀揣着强烈的批判意识介入社会。这种介入不是道听途说，而是亲身经历。20 世纪 60 年代初，美国与古巴关系恶化，美国人普遍认为古巴是邪恶的，但桑塔格毅然决然地前往古巴，她认为许多事情都需要亲自体验才能了解真相，而不是被政治、舆论推着走，被假象蒙蔽。出于对美国媒体的不信任，在越战开始后，桑塔格对美国对越南的侵略表示强烈的反对，她在请愿书上签名，参加集会，公开反对战争升级，并于1968年前往越南，随后写下了《河内之行》这本在美国引起轩然大波的书。在《河内之行》一书中，桑塔格非常诚实甚至近乎残酷地面对自己的真实感受。在河内的头几天，她觉得非常沮丧，因为她的反战经历在她的脑海里留下了思维定式与固定形象，这让她在面对越南人及他们的生活方式时感到陌生。“尤其让人难以把他们区分成个体来看待的是，在这里，所有人似乎都用同样的方式说话，说着同样的事情。”[①] 越南人所表现出的团结感，在她眼里也是一种道德抽象。她不明白为什么越南人会关心一个可能杀害了他们家人与朋友的美国飞行员，为之建造坟墓。因此，她诚实地写道，尽管她为自己的国家羞耻，但她依然感觉自己是在以“大文化”的人的身份在面对“小文化”的人。然而，就在她准备放弃去理解越南时，在初期折磨她的种种困惑却渐渐得到解答。她开始明白，越南人的行为其实反映了儒家思想，他们用一种不同的方式来评价彼此及人类。更进一步，她能理解埋葬飞行员是一件很好的事情，这种人道的标准超越并且改变了他们的个人感情。她赞赏越南人用仁慈和爱来彼此对待，将越南人看作完整的人，而非西方那样分为“私人的”和“公共的”人。在这里，她对犹太人与越南人做了对照，似乎体现了潜意识里将自我身份与越南人的对比：“这个优越之处也在于，越南人拥有历史，尽管主要是受迫害的历史，却泊定在一块土地之上，人民以国土来确定自己的身份，而不是简单地（因此更复杂地）泊定在一个‘身份之上’。

① ［美］苏珊·桑塔格：《激进意志的样式》，何宁等译，上海译文出版社，2007年，第229页。

犹太人经受苦难的方式是直接、激动人心和有说服力的……也许在我来到越南时，潜意识里希望看到的就是某种类似于犹太人（亦即西方人）的公开的、富于表现力的受难方式。”① 最后，桑塔格意识到，一开始的不适其实都源于她在不经意间是以一种西方化的心态在面对东方，因此自然而然地去质疑东方的所有“非西方”的事物，这或多或少也是“西方中心主义”思维在作怪。但在经过两周的实地访问后，她看到了自己原先思维模式的局限性。她对自己意识中发生的变化持开放态度，没有试图通过否认文化差异来简化自己的经历，反而很乐于接受自己的改变。正如她在文章中所言，去了越南之后，世界比以前大了很多。“桑塔格把河内之行称之为‘心灵之旅’，它不仅是一次接受越南历史的活动，而且也是对自己思想的一次挑战与超越。”②

这种基于行动形成的认知以及面对行动时的复杂情况所表现出的诚实态度，体现了桑塔格作为知识分子的良心与责任。她始终是在行动中形成自己的观点，在亲身体验后对事物发表看法，如果没有去越南，她也能够继续反战，或者和其他知识分子一样将精力都放在口头表达层面。但是没有行动，没有一手经验的积累，思想无疑丧失了生根的土壤，会略微浅薄单一，更像是漂浮于空中的抽象观念，难以真切地回应现实。知识分子只有扎根于现实，深入现实去考察、去体味，形成的思想才能真正具有感染力与张力，才能真正针砭时弊。不断的行动与实践，是桑塔格区别于其他知识分子的闪光点，而这种行动的观念也与她的犹太性有密切关联。

无论是在“新感性”方面所受到的与犹太教有密切关系的诸

① ［美］苏珊·桑塔格：《激进意志的样式》，何宁等译，上海译文出版社，2007 年，第 262 页。

② 王予霞：《苏珊·桑塔格与当代美国左翼文学研究》，中国社会科学出版社，2009 年，第 174 页。

斯替教的“灵知”概念影响，还是源于犹太教“上帝从无创造世界”的“否定哲学”，抑或是救赎与受难的观念，统一与行动特质都体现出桑塔格与犹太身份的关系。她早期思想中的先锋性、颠覆性体现出对后现代艺术的强烈兴趣与喜好，但她的骨子里依然是现代主义的，她一直在行动，在发声，依然相信着正义、人道、良善，密切关注着人的境遇，重视着具有普遍性的人文价值，并捍卫知识分子的地位与责任。与之形成截然对比的是真正的后现代学者，在桑塔格看来，他们只是在玩弄术语，而非正视具体的现实，感受现实的复杂性，因此他们的理论不值一驳。桑塔格思想的流动性以及对后现代文化既保持关注又进行批判的态度，都展现了她思想的复杂与多元。在这个意义上，或许我们可以说，桑塔格的思想是对现代主义与后现代主义过渡期的反映，是站在现代主义的立场上对后现代主义兼收并蓄的产物。

结　语

在这趟理论旅程的最后阶段，我们势必要对每一位理论家解救现代性危机的路径做出总结，也希望对所谈论到的这几位理论家建立在差异之上的共通性予以分析。本书将几位各具特色的人物并置在一起，分析他们标志性的理论与犹太身份之间的关联。如果说探讨任何问题都必须有一个特定的视角，如果说不同的视角之间具有价值上的重大差异，那么我们这一视角的合理性在于，无论贝尔、马尔库塞、阿伦特以及桑塔格的理论构建的具体路径为何，他们所面对的文化背景都是19世纪中期以来资本主义文化危机的逐步加深，而他们的理论可视为对这场危机最新发展阶段的思考和应对。这一文化危机具体体现为宗教对于社会的"内聚力"持续不断的减弱：资本主义社会在经济发展的基础上所最终构建出来的是原子化的个体，这些个体在社会内部已经越来越无法感知自身与社会之间关系的确定性，无法在个体与世界之间找到具有稳定性的意义模式，换句话说，过往建立于宗教基础之上的道德共通感已经土崩瓦解，而在此前，宗教曾是"将大家聚合在一个强大容器（即神圣感）中的手段"。宗教的式微，在本质上而言是宗教中所构建的秩序图景已经无法再控制人心，神圣领域逐渐让位给了世俗领域。过往能够维持人稳定社会身份和情感交流的因素如今无不遭到了严重的破坏，没有任何其他的力量能够保证人们再次具备维持一种长久的关系的能力。就任何社会都必然需要一整套道德方面的规约来树立起某种价值共通感来说，资本主义社会自打诞生的那一刻起就蕴含着传统道德的崩溃以及文化与经济体制之间高度紧张的关系。正因如此，无数思想家才要思考宗教的可能替代。而在这个背景当中，审美作为一种能够在个体之间流通并构建一致性的因素，得到了特别的关注。

审美能够在共同体的个体之间建立起无须标准的统一、无须强制的认同，在自由运用判断力的基础上达成意见的一致，这一源于康德的观点被后来的哲学家加以改造，进而成为世俗社会中构建共同体凝聚力的重要方式之一。正是在此意义上，关注现代性问题的哲学家们才高度重视审美，并提出了以“审美救赎”为核心的救世主义理论。“救赎”是宗教意义上对个人的拯救，是确立个人生存的价值导向的努力，是将个体的生存与更高的理想结合起来的超越性的实践。当传统意义上的宗教已经无法完成这一使命，无法再依靠神圣与世俗的概念框架将人拔离世俗，引入具有共通感的道德体验时，就需要审美来担当此任。如果说马尔库塞作为法兰克福学派的一员明确地将审美意义上的本能革命作为解救现代性危机的外部革命的先决条件，贝尔是要构建一种融合了审美的不同于过往宗教形态的“未来宗教”，苏珊·桑塔格在一系列批评探索的过程中找到艺术的形式这一剂良药来唤醒大众愚钝而麻木的感官以此为西方精神世界的危机找到出路，那么汉娜·阿伦特则是挖掘了康德《审美判断力》在政治判断的层面构建价值统一性的可能性，渴望通过康德哲学激发人在世俗社会中负责任的行动能力。也就是说，虽然他们将审美作为一种至关重要的因素运用在了不同的方面，但是最终的落脚点都是渴望在个人与社会之间建立一种可以有效“介入”的意义模式，为个人的生存提供统一的价值导向。不得不说，这种通过审美来解救现代性危机的方案此前早已受到多位思想家的青睐。席勒在他的《审美教育书简》中继承了康德对审美判断力之“自由”的论断，将审美的自由作为对抗工具理性的力量给予极高的评价，认为人在审美的自由游戏当中能够弥合资本主义社会造成的感性与理性的严重分裂，从而构建出更完美的人性。这一对审美之作用的推崇深刻影响了19世纪中后期的另外两位思想大师——马克思和尼采。只是马克思走向了外部革命的拯救方案，他认为要从导致这一分裂的资本主义社会入手，通过彻底变革这一社会制度实现人的解放，而尼采则不相信任何形式的乌托邦构想，他认为资本主义社会的价值危机的根源既然在于理性的泛滥，尤其是理性对感性的戕害，那么其救治方案不言而喻就应当是废黜理性。对此，他着迷于古希腊前苏格拉底时代感性与理性浑然一体的悲剧，他渴望“酒神精神”的复苏能够使痛苦的现代人获得拯救。从尼采的这一主张中，我们不难看出苏珊·桑塔格“反对阐释”和“艺术色情学”所依托的19世纪文化资源。

理查德·罗蒂认为，自文艺复兴以来，西方知识分子的救赎策略经历了三个阶段：先是从上帝那里得到的宗教救赎，而后是哲学意义上的救赎，现如今则是一种文学的救赎。从宗教的救赎功能不再强劲有力之时，人转而从其他方面寻求救赎。从社会整体的角度来看，尤其是从意识形态的角度来看，自18世纪美学诞生以来，审美就已经被纳入统治阶级对整个社会道德的内聚力进行再造的规划之中。马修·阿诺德曾提到，他已经放弃了依靠形而上学和神学来获得意义，转而投向了“道德和情感主观主义(康德和施莱尔马赫的融合)”[①]。对应于宗教的救赎，如果说当时的文化精英们已经转向依靠文化的方式来构建自身的意义向度，那么资产阶级则是将“工作”变成了此世的依附。工作成为

① ［美］丹尼尔·贝尔：《资本主义文化矛盾》，严蓓雯译，江苏人民出版社，2012年，第166页。

“通过个人努力而达到自身善好和价值的证明”[1]。清教徒渴望为了天职而工作，他们在工作中体验自身与永恒之间的联系，从而构建出自身存在的意义和价值。因此，这种对工作所抱有的精神性的期待和满足事实上也是宗教救赎的变体，是新教伦理的体现。在一段时期以内，工作的伦理——辛勤工作、反对奢侈、先工作后享受的价值观还能够与社会的经济体制相一致，但是，在资本主义社会由工业社会迈向后工业社会之后，工作的内容产生了巨大的变化，工作既不是与自然打交道，也不是与物打交道，而是与人打交道。后工业社会当中唯一真实的就是社会世界，现实被压缩为仅仅是人与人之间的关系，人只不过就是社会这个复杂网格中的一个节点，人就等同于他所在的位置要求于他的诸种角色和功能。在这样的环境下，人感觉到自己是为了生计而被迫工作，以往的那种为了天职而工作的价值感荡然无存。正如韦伯所言，当工作与天职之间的关联已不复存在，当人们不再能体验到通过工作与最高的文化价值相连，人也就失去了证明天职正当性的动力。至此，人类社会在从自然世界历经技术世界，最终抵达社会世界的过程中将与此世的最切身的依附也丢失了。随之而来的是享乐主义的甚嚣尘上，文化代替工作成为证明生活正当性的手段，而这一从宗教向文化的最终转变在贝尔看来问题重重。从道德的角度来看，贝尔认为现代主义的文化具有强烈的非道德性：它接管了与魔鬼之间的关系，但又不驯服魔鬼，而是“接受它，探索它，着迷于它，把它（正确地）看作某种创造力的源泉”[2]。正是为了扭转这种道德失范的情形，贝尔才提出了他的集宗教与审美为一体的“未来宗教”设想，力求在世俗社会的框

① ［美］丹尼尔·贝尔：《资本主义文化矛盾》，严蓓雯译，江苏人民出版社，2012年，第166页。

② ［美］丹尼尔·贝尔：《资本主义文化矛盾》，严蓓雯译，江苏人民出版社，2012年，第168页。

架内构建一种更具道德性的伦理生活。

在面对救赎这一问题时，本书所讨论的这四个人处于从哲学救赎到文学救赎的过渡之中，他们通过审美这一途径最终要抵达的是一个与自我和谐相处的道德境界。就马尔库塞的“新感性”而言，其当下的直接作用并不在于发动一场针对资本主义制度的革命，而在于它能够为知识分子在一个已经异化了的社会提供一种自我同一的价值体系，这一体系能够为个体的此岸生存提供意义的坐标，让个体在人类最优秀文化的涵养中体验神圣与道德。贝尔的“未来宗教”也是同样的思路，但比马尔库塞的主张更为保守。一方面是世俗伦理生命力的匮乏，另一方面是宗教意义上救赎的驱动，这二者促使贝尔思考宗教在当代的意义，尤其是启蒙之后的意义。尽管宗教曾经建立了人与世界之间有效的联结，以致足以安放一种道德化的生存，但是经历了启蒙这一场祛魅之后，传统意义上的宗教已经不再能直接重塑有效的价值体验模式。于是他将艺术与审美融入宗教，试图构建出更符合现代人认知的新的宗教样式，以此激发资本主义社会道德的活力。桑塔格作为受欧陆传统经典文艺作品浸淫的批评家，亦具有强烈的道德意识，但她的道德意识促使她反对标准化的、统一的、平庸的道德，而是提倡一种更私人化的、回复个人本真的尼采意义上的道德。这就是为什么她在提出“反对阐释”和“艺术色情学”“沉默美学”的时候极易使人误解她有反道德的倾向。事实上，只要涉及“救赎”这一目标，就不可避免地会涉及道德问题，因此反理性、反文化的主张应当以一种复杂化的眼光去看待，即这种主张实际上是既破又立。桑塔格展开救赎的路径，其思想资源来自尼采，如果说尼采在激烈抨击传统基督教道德的同时进行了所谓价值的翻转，试图从更符合人性的角度来构建新道德的价值取向——英雄主义的价值观，那么桑塔格就是在“新感性”的名义下强调人的本能感受与体验的差异性，强调在对资本主义意识形态反抗的同时真实人性的回归。值得注意的是，在这种对尼采的继承之中，还融合了对犹太教受难意识的强烈认同，这种在受难中对艺术和自我意识展开的探索尤其具有强烈的道德色彩。与上述三位理论家相似，阿伦特关注的也是道德问题，即政治判断与政治行动中的道德。但不同之处在于，她所采用的是康德哲学的路径和框架，那就是以理性为核心的道德判断。她依旧对启蒙持有深厚的信仰。无疑，她渴望在公共领域和私人领域的二分中扩大公共领域的范围，将个人与公共领域内的政治行动更为密切地关联起来，以使个人与共同体实现更为有效的沟通，这从根本上而言是一种道德的实践。不得不说，这种对于现世道德的看重与他们的犹太身份密切相关。就道德问题而言，无论是否能在全社会达成共识，个体首先要面对的是自身如何与世界相处的问题，是自身的意义与价值感的问题。而有着强烈社会责任感的思想家们，对这一问题则表现得更为敏感。

如果说上述分析所呈现的是从个体角度而言人的救赎的必要性，那么对于同样的历史趋势，伊格尔顿从意识形态批评的角度提出了“审美意识形态”的观点。这一观点本身就暗含着对运用审美来进行道德统一的做法所提出的批判。他指出，这一从判断力的角度重建道德凝聚力的努力历时已久，“最终维护社会秩序的是习惯性实践和本能的虔诚，它们比抽象的权利更灵活，在此领域内主体被赋予了生动的力量和情感”[①]。这里所谓的“情感”实际上指的就是使民众自由地服从，主动地认同并遵从法律。这里存在着主观、客观两个视角，在民众主观看来是真心实意的自由的选择，但客观来看却是政治力量对心灵产生的作用。许多近代历史上的思想家都对依靠理性来对个体的心灵进行道德规范所

① ［英］特里·伊格尔顿：《审美意识形态》，王杰、傅德根、麦永雄译，广西师范大学出版社，2001 年，第 85 页。

能产生的作用深表怀疑，他们认为如果不能调动主体主动的认同，道德训诫最终不过是一纸空文："如果社会权威想要有效地自然化，就必须以经验生活的感性直接性为基础，从市民社会中充满感情和欲望的个体那里入手，去探索可以使之与更大的整体结合起来的相关问题。"① 在此，伊格尔顿从意识形态的角度揭示了美学同18世纪世俗社会领导权之间的关联，而对于席勒在《审美教育书简》中提出的运用审美来抵抗工具理性这一拯救的方案，他认为这一"审美的心理调节"其实是给出了一种世俗社会的意识形态重建方案，即美学与政治具有内在的统一性。席勒曾说道："如果人类想要在实践中解决政治问题，就必须通过审美教育的途径，因为只有通过美人类才能走向自由。"② 这段话极易让人联想到马尔库塞60年代后期的"新感性"思想，它由于对拯救之希望的允诺而平添了一股振奋人心之感。只不过颇令人伤感的是，个人救赎的另一面居然标记着资本主义社会文化领导权的增长，这一实际情形让人不得不对审美救赎的思路保持一种警醒的态度。

事实上，只要谈到通过审美来进行救赎的话题，就绕不开审美救赎所依据的具体的艺术文本，即便是像马尔库塞这样关注时下艺术新形式的思想家，也在自身观点的渐次发展中慢慢偏向于传统的高雅艺术，偏向于资产阶级的精英艺术，而这种对传统高雅艺术的偏爱在后续的马克思主义批评的语境中有巩固既有文化霸权的嫌疑。高级艺术传统与其所推崇的一整套欣赏方式客观上

① ［英］特里·伊格尔顿：《审美意识形态》，王杰、傅德根、麦永雄译，广西师范大学出版社，2001年，第103页。

② 转引自［英］特里·伊格尔顿：《审美意识形态》，王杰、傅德根、麦永雄译，广西师范大学出版社，2001年，第74页。

“服务于社会差异和牢固的阶级等级的自然化与合法化”[①]，也就是说，它在巩固精英的文化霸权的同时也在巩固着普通人的自卑。在这种意识形态批判的视角下，汉娜·阿伦特的审美政治学又如何呢？就将康德意义上的判断力运用于政治判断而言，它与伊格尔顿所批判的那种主体主动的认同非常相似，这仿佛已经将它推到了招致批判的位置上。但是，这一理论对理性的绝对强调以及它激发民众积极参与政治行动的初衷，使其在“意志和行动自由”的意义上获得了合法性，尽管它依旧是可批判的，并非绝对完美的。它对具体情境下道德情形之理性分析的强调显示出道德意志本身强大的独立性，而这种独立性是与资本主义意识形态统一的要求相对抗的。同时，审美政治学因其对判断力以及行动的强调而具有了在民主社会构建出公共空间的潜力。从阿伦特对哈贝马斯公共空间和交往理论的影响能够看出，尽管驱动她进行理论探索的内在动力是救赎，但就其政治哲学的主要倾向而论，阿伦特实际上最终诉诸的是人类理性的力量，而她所理解的这种理性的客观性有时甚至达到了冷酷的地步。阿伦特想要通过调动判断力来为世俗社会中民主道路的发展开拓出新的局面。仅仅凭借依靠理性这一点，她就与马尔库塞、桑塔格以及贝尔区别开来，这标志着她对启蒙的绝对信仰。与之相对，苏珊·桑塔格反对高雅艺术与通俗艺术之间的等级划分以及反对阐释的主张都是在反对理性的意义上提出的，她似乎并不承认理性能对艺术或道德有任何作用。尽管她本人有着强烈的道德意识，但她显然认为在文学艺术中注入传统的道德内容既不能有益于文学，也无益于道德。在此，如果说阿伦特所开展的依旧是一种现代主义的政治，那么桑塔格则是走在了迈向后现代的道路上。

① ［美］理查德·舒斯特曼：《实用主义美学》，彭锋译，商务印书馆，2016年，第 191 页。

就通过审美来对价值进行规范这一倾向而言，哈贝马斯对之进行了严肃的批判。他认为以审美救赎为主导的批判理论是19世纪的政治经济批判以及后来的意识形态批判这一思想潮流在当代的延续，在这一潮流发展的历程中，呈现出美学领域不断扩张的趋势。这一趋势让审美“内在地承担了诸种社会理论的价值陈述”①，也就是有关审美的论断并没有停留在美学本身的界域之内，而是跃出审美体验客观、中立的立场，成为有关人之本体价值的言说，即通过对艺术与审美的分析，一种具备最高价值状态的人的理念被建立起来，审美的人成为真正意义上的人、最具本体价值的人。在这种通过审美构建人之最高本体的过程中，尽管呈现出批判理论所需要的批评的“距离”，却在事实上忽略了社会正义的层面。哈贝马斯认为现代性问题并不能仅通过这种最高价值的设立得以实现，公共领域多层次的结构本身决定了不同领域内的问题需要通过不同的方案来解决。批判理论将审美的价值扩张为全社会的要求，这本质上是美学向政治哲学的转变，是不具合法性的“越界”。在他看来，现代性所导致的诸种问题需要的是更广泛的公共领域内的对话和协商，而这种对话和协商需要的是启蒙意义上理性的发挥。对此，哈贝马斯从人与人之间的关系出发分析如何建立道德秩序，并构建了交往行为理论来试图实现它。哈贝马斯首先区分了理性的两个维度：工具理性和交往理性。他进一步指出，理性的两条不同发展路径，即“工具理性—工具理性行为—系统”与“交往理性—交往理性行为—生活世界”塑造了现代社会的基本形态，这两条路径发展出两种人与人之间的关系，即人与他者之间的压抑关系以及人与人之间相互理解、达成共识的交互主体性关系。他认为现代性问题的产生与工

① 吴兴明：《美学的扩张：作为社会理论的审美主义》，《三峡大学学报（人文社会科学版）》，2006年第5期，第28页。

具理性的滥用有关，工具理性的滥用阻碍了交往理性的实现，理性总体的平衡遭到了破坏，进而出现了生活世界道德与价值的贫乏。要拯救现代性危机，就“需要我们重视以达成理解为目的的交往理性，恢复理性的实践维度，为人们的行为提供规范指导”①，即面对资本主义社会工具理性所造成的系统对人的压抑，需要交往理性来进行协商以达到最终的解决。这实际上暗含了对公共领域的重视，而这一点明显受到了阿伦特的影响。哈贝马斯与阿伦特一样，持有对启蒙的坚定信念，持有对通过理性达成共识的信心。正是站在启蒙尚未完成的立场上，哈贝马斯对运用审美来拯救现代性危机的做法深表怀疑。在他看来，近代以来的公共领域已经分化为政治、经济和文化三个自律的领域，它们各自拥有其运行的法则。现代性危机是社会结构整体上的危机，涉及公共领域的多个维度，审美救赎不过是在用艺术和审美领域的规范性来解决涵盖了多个维度的社会问题，因此具有很大的局限性。

但是，哈贝马斯的共识理论就是终极的解决方案，就是完美无缺的吗？事实上，他的共识模式也遭到了普遍的批判。多位理论家从不同角度揭示了共识理论的局限性，对在后现代社会当中构建普遍主义的共识方案深表怀疑。韦尔默、福柯以及霍耐特从不同角度对之展开了批判。其中，韦尔默对一种形式上的普遍主义的构想表示怀疑，他认为“在一个具体的环境下面去做一个人应该怎样做的问题，普遍化原则不可能给出一个满意的答案”②，即交往行为，或者说商谈伦理预设了交往的前提是差异的存在，那么在将这种差异抹平进而达到意见一致的过程中必然包含着某

① 刘光斌：《社会道德秩序的三种模式研究：福柯、哈贝马斯与霍耐特》，湖南大学出版社，2018年，第71页。

② 刘光斌：《社会道德秩序的三种模式研究：福柯、哈贝马斯与霍耐特》，湖南大学出版社，2018年，第115页。

种程度的压抑。福柯亦持这种看法，他认为哈贝马斯的共识设想不过是一个“乌托邦假设”，根本没有实现的可能。在差异与共识的对立中，哈贝马斯追求的是共识，但他丝毫不认为现实利益的多元性会对共识的达成产生破坏性的影响。这一问题直接导致了对哈贝马斯的另外一种批判的声音，即他的理论严重脱离日常生活的经验。如果说共识的达成本质上是对普遍正义的寻求，那么哈贝马斯的共识必然导致对个人伦理生活的忽视，即在追求普遍正义与个人的经验性的日常生活之间有着根本的对立。正如霍耐特所言，哈贝马斯通过语用学而得来的商谈伦理不可避免地导致“道德哲学层面和日常社会经历之间的分离”①，所谓道德的哲学辩护已经不再为日常的、经验性的表达服务。在此，其交往理论终究不过是一种抽象的、形式化的原则罢了，它只具备一种程序上的正义。于是，现代性危机的拯救直到目前还没有一个彻底的、完美的方案，这一危机在变化着的社会情境中不断以新的面貌出现，它呼唤着后来的思考者发挥自身的想象力，给予新的应对。

① 刘光斌：《社会道德秩序的三种模式研究：福柯、哈贝马斯与霍耐特》，湖南大学出版社，2018 年，第 117 页。

参考文献

一、中文论著

阿伦特：《黑暗时代的人们》，王凌云译，江苏教育出版社，2006 年。

阿伦特：《论革命》，陈周旺译，译林出版社，2007 年。

阿伦特：《人的境况》，王寅丽译，上海人民出版社，2009 年。

埃米尔·涂尔干：《宗教生活的基本形式》，渠东、汲喆译，上海人民出版社，1999 年。

安德烈·舒拉基：《犹太教史》，吴模信译，商务印书馆，2001 年。

安托瓦纳·贡巴尼翁：《现代性的五个悖论》，许钧译，商务印书馆，2005 年。

伯纳德·J. 巴姆伯格：《犹太文明史话》，肖宪译，商务印书馆，2013 年。

博恩澈：《研读妥拉：犹太深度释经法入门》，林梓凤译，同济大学出版社，2015 年。

程巍：《否定性思维——马尔库塞思想研究》，北京大学出版社，2001 年。

丹尼尔·贝尔：《资本主义文化矛盾》，严蓓雯译，江苏人民出版社，2012 年。

丹尼尔·施赖伯：《苏珊·桑塔格：精神与魅力》，郭逸豪译，社会科学文献出版社，2018 年。

菲利普·汉森：《汉娜·阿伦特：历史、政治与公民身份》，刘佳林译，江苏人民出版社，2004 年。

傅有德：《密释纳（第 1 部）：种子》，张平译注，山东大学出版社，2012 年。

汉斯·约纳斯：《诺斯替宗教》，张新樟译，上海三联书店，2006 年。

赫伯特·马尔库塞：《爱欲与文明》，黄勇、薛民译，上海译文出版社，2005 年。

赫伯特·马尔库塞：《单向度的人——发达工业社会意识形态研究》，刘继译，上海译文出版社，2014 年。

赫伯特·马尔库塞：《马尔库塞文集》第六卷《马克思主义、革命与乌托邦》，高海青、连杰、陶锋译，人民出版社，2020 年。

赫伯特·马尔库塞：《马尔库塞文集》第四卷《艺术与解放》，朱春艳、高海青译，人民出版社，2020 年。

赫伯特·马尔库塞：《马尔库塞文集》第五卷《哲学、精神分析与解放》，黄晓伟、高海青译，人民出版社，2020 年。

赫伯特·马尔库塞：《审美之维》，李小兵译，广西师范大学出版社，2001 年。

赫尔曼·柯恩：《理性宗教》，孙增霖译，山东大学出版社，2013 年。

黑格尔：《精神现象学》，贺麟、王玖兴译，商务印书馆，1978 年。

黑格尔：《小逻辑》，贺麟译，商务印书馆，1980 年。

莱昂内尔·特里林：《知性乃道德职责》，严志军、张沫译，译林出版社，2000 年。

理伯卡·E. 卡拉奇：《分裂的一代》，覃文珍等译，社会科学文献出版社，2001 年。

理查德·舒斯特曼：《实用主义美学》，彭锋译，商务印书馆，2016年。

利奥·拜克：《犹太教的本质》，傅永军、于健译，山东大学出版社，2002年。

刘光斌：《社会道德秩序的三种模式研究：福柯、哈贝马斯与霍耐特》，湖南大学出版社，2018年。

吕迪格尔·萨弗兰斯基：《荣耀与丑闻——反思德国浪漫主义》，卫茂平译，上海人民出版社，2014年。

罗宾逊、史密斯：《灵知派经典》，杨克勤译，华东师范大学出版社，2008年。

M. A. R. 哈比卜：《文学批评史：从柏拉图到现在》，阎嘉译，南京大学出版社，2017年。

马丁·布伯：《论犹太教》，刘杰等译，山东大学出版社，2002年。

马丁·布伯：《我与你》，陈维纲译，生活·读书·新知三联书店，1986年。

马丁·杰伊：《法兰克福学派史》，单世联译，广东人民出版社，1998年。

马克思·舍勒：《同情感与他者》，朱雁冰等译，北京师范大学出版社，2014年。

马克思·韦伯：《经济通史》，姚曾廙译，韦森校订，上海三联书店，2006年。

马克思·韦伯：《新教伦理与资本主义精神》，阎克文译，上海人民出版社，2018年。

摩迪凯·开普兰：《犹太教：一种文明》，黄福武等译，山东大学出版社，2002年。

摩西：《历史的天使》，梁展译，华东师范大学出版社，2017年。

莫里斯·迪克斯坦：《伊甸园之门：六十年代的美国文化》，方晓光译，译林出版社，2007年。

尼古拉斯·布宁、余纪元：《西方哲学英汉对照辞典》，王柯平、江怡等译，人民出版社，2001年。

聂锦芳、李彬彬：《马克思思想发展历程中的“犹太人问题”》，中国人民大学出版社，2017年。

钱满素、张瑞华：《美国通史》，上海社会科学院出版社，2020年。

苏珊·桑塔格：《反对阐释》，程巍译，上海译文出版社，2011年。

苏珊·桑塔格：《激进意志的样式》，何宁等译，上海译文出版社，2007年。

苏珊·桑塔格：《论摄影》，黄灿然译，上海译文出版社，2010年。

苏珊·桑塔格：《在土星的标志下》，姚君伟译，上海译文出版社，2006年。

特里·伊格尔顿：《审美意识形态》，王杰、傅德根、麦永雄译，广西师范大学出版社，2001年。

王秋海：《反对阐释——桑塔格美学思想研究》，中央编译出版社，2011年。

王予霞：《苏珊·桑塔格与当代美国左翼文学研究》，中国社会科学出版社，2009年。

王予霞：《苏珊·桑塔格纵论》，民族出版社，2004年。

西塞罗：《西塞罗三论：老年·友谊·责任》，徐奕春译，商务印书馆，1998年。

亚伯拉罕·海舍尔：《觅人的上帝：犹太教哲学》，郭鹏、吴正选译，山东大学出版社，2003年。

伊丽莎白·杨·布鲁尔：《爱这个世界：阿伦特传》，孙传钊译，江苏人民出版社，2009 年。

尤尔根·哈贝马斯：《现代性的哲学话语》，曹卫东译，译林出版社，2011 年。

张汝伦：《德国观念论（第一辑）》，商务印书馆，2019 年。

周宪：《审美现代性批判》，商务印书馆，2016 年。

朱立元：《美学》，高等教育出版社，2004 年。

二、中文论文

本雅明：《历史哲学论纲》，张旭东译，《文艺理论研究》，1997 年第 4 期。

陈芳芳：《“对世界的爱”：阿伦特论爱与世界的关系》，《内蒙古大学学报（哲学社会科学版）》，2014 年第 6 期。

戴·特里林：《莱昂内尔·特里林：在哥大的犹太人》，郝田虎译，《世界文学》，2007 年第 4 期。

秦晋婷：《塔尔蒙极权民主学说研究》，华东师范大学硕士学位论文，2013 年。

陕劲松：《基督教与犹太教的渊源关系》，《沧桑》，2006 年第 1 期。

孙传钊：《阿伦特两论》，《中国图书评论》，2007 年第 1 期。

孙传钊：《艾希曼真是“平庸的恶”吗?》，《读书》，2014 年第 2 期。

汪尧翀：《迟到的主体理论：读阿伦特〈论奥古斯丁爱的概念〉》，《中国图书评论》，2016 年第 11 期。

王寅丽：《邻人之爱何以可能：阿伦特论奥古斯丁的爱的概念》，《文化研究》，2016 年第 3 期。

王寅丽：《在哲学与政治之间：汉娜·阿伦特政治哲学研究》，复旦大学博士学位论文，2006 年。

王予霞：《“纽约文人集群”的马克思主义批评》，《马克思主义与现实》，2016 年第 4 期。

张劲松：《纽约文人集群与苏珊·桑塔格》，《集美大学学报（社会科学版）》，2020 年第 3 期。

张康之：《马尔库塞对语言哲学的批判》，《中国人民大学学报》，1998 年第 2 期。

郑春生：《乌托邦的批判：从马尔库塞理论看六十年代学生运动》，《浙江学刊》，2009 年第 3 期。

朱彦明：《马尔库塞论宗教的革命作用及其理论困境》，《基督教学术》，2019 年第 1 期。

三、英文论著

Daniel Bell. *The Winding Passage: Sociological Essays and Journeys*. Transaction Publishers, 1991.

Hannah Arendt, Gershom Scholem. *The Correspondence of Hannah Arendt and Gershom Scholem*. Marie Luise Knott, ed., Anthony David, trans., Chicago University Press, 2017.

Hannah Arendt. *Essays in Understanding, 1930—1954*. Harcourt Brace & Company, 1994.

Hannah Arendt. *Love and Saint Augustine*. J. V. Scott, J. C. Stark, eds., University of Chicago Press, 1996.

Martin Jay. *Permanent Exiles: Essays on the Intellectual Migration from Germany to America*. Columbia University Press, 1986.

四、英文论文

Alexander Altmann. "Gershom Scholem 1897—1982", *Proceedings of the American Academy for Jewish Research*, 1984, Vol. 51.

Arthur Hertzberg. "Gershom Scholem as Zionist and Believer", *Modern Judaism*, 1985, Vol. 5, No. 1.

Frederic Krome. "Between the Diaspora and Zion: Cecil Roth and His American Friends", *Jewish History*, 2006, Vol. 20, No. 3.

Howard Caygill. "The Fate of the Pariah: Arendt and Kafka's 'Nature Theatre of Oklahama'", *College Literature*, 2011, Vol. 38, No. 1.

Martin Jay. "The Jews and the Frankfurt School: Critical Theory's Analysis of Anti-Semitism", *New German Critique*, *Special Issue 1: Germans and Jews*. Duke University Press, 1980.

Richard Wolin. "The Ambivalences of German-Jewish Identity: Hannah Arendt in Jerusalem", *History and Memory*, 1996, Vol. 8, No. 2.

Stéphane Moses, Ora Wiskind-Elper. "Gershom Scholem's Reading of Kafka: Literary Criticism and Kabbalah", *New German Critique*, 1999, No. 77.

后　记

本书的写作最初是源于我们对西方马克思主义美学以及美学与现代性问题之间关系的强烈兴趣。现代西方美学的诞生可以追溯到18世纪中期的西欧，那时，学术界开始出现了将音乐、戏剧、诗歌、绘画以及舞蹈等归并为一门总体性的名之曰“艺术”的科目之下的倾向，进而开启了将人的审美当作一种独特现象加以研究的趋势。这种有别于过往的将所谓的“艺术”看作一个整体的新观念与启蒙的发展密切相关，甚至可以说它是启蒙的结果之一。但是，这一观念在深入发展的过程中逐渐与启蒙理性相对抗，在艺术获得了自主性和自律性的同时，也获得了据以反抗启蒙理性的合法性，二者之间所形成的巨大张力成为言说美学与现代性问题的背景。在启蒙思想驱散神的存在以及宗教式微的境况下，人的存在陷入了新的疑难之中：面对精神荒芜的现代工业社会，人的价值如何衡量，人的生存如何彰显其崇高的尊严，人类生命的最终目的应该朝向什么，这些都成为每一个现代人需要叩问自身的问题。审美现代性试图接替宗教对这一恒久困扰人类的问题给予回答。如果说马克思主张通过外部社会革命创造更符合人类生存的社会条件，那么他之后的西方马克思主义学者则倾向于提倡通过“内部革命”的方式来从一个相反的角度构建一种不受外在社会影响的具有“绝对自由”特性的人类生存景象。不得不说，这种构想与浪漫主义思潮具有很强的相关性。而在西方马克思主义思想发展的脉络中，德国法兰克福学派立足于美学的现代性批判时至今日仍表现出旺盛的生命力。尽管在发展中其主导倾向发生了诸多变化，但它却表现出强烈的浪漫倾向，从而吸引我们进一步考察与该学派成员有关的具有犹太身份的美国知识分子面对美国社会在 20 世纪所呈现出的现代性问题的最新进展。这一问题最终也可表述为：在启蒙的驱魅、浪漫主义的复魅以及后现代主义的再驱魅之后，当复魅已经变得不再可能，那么人类精神的走向究竟该何去何从？如果哲学接替神学来进行救赎的任务是失败的，那么审美接替哲学是否会是同样的结果？

本书的写作即是对这些问题进行反思的过程。我们从各自的兴趣点出发，围绕着审美救赎这一观念探索了 20 世纪中期的几位美国犹太知识分子对西方人的未来生存“应当”如何的构想。面对传统价值的衰落，美国知识分子不约而同地走向了人的内在性的领域，即在一种封闭的内在性中所实践的道德化的生存，而犹太知识分子的这一倾向则更为突出。除了本书所研究的几位理论家，同为犹太人的著名批评家哈罗德·布鲁姆也积极主张通过阅读文学，尤其是阅读西方正典来实现一种具有道德性的内在生活，而另一位犹太批评家安·兰德则更为明确地提倡通过阅读经典的浪漫主义小说来进行从孩童迈向成人的道德引导，她认为，道德目标的确定性和坚定性不仅是衡量浪漫主义小说人物优劣的标准，也是衡量人的现世生存之价值的标准。可见，犹太人对道德实践的重视并非个别的现象，而是具有明显的普遍性，对诸多具有犹太身份的理论家进行广泛研究所得出的这种印象更加坚定了我们对本书进行立论的信心。

在具体的写作过程中，从题目的拟定、大纲的形成到最后结论的确立，我们进行了数次讨论。在讨论的过程中，我们互相激励和启发，使得本书的写作能够紧密地围绕着一个核心来展开，不至于沦为自说自话的呓语。全书从题目的确定直到最后结论的确定历经 6 个月，在共同完成这项任务的同时，我们四位作者也加深了对彼此的了解，从对方身上所学到的东西能让自己终身受益。就创作分工而言，引言，第一章的二、三两节，第三章以及结语由郝娟完成，第一章第一节和第二章由余佳完成，第四章由张黎黎完成，第五章由周子雅完成。本书的封面背景图由国内青年摄影艺术家苏葵提供，在此还要特别感谢这位艺术家对本书的封面设计所提出的诸多宝贵建议以及为此所做的一系列尝试性的工作，是她的辛苦付出启发我们设计出更符合本书意旨的理想封面。最后，还要感谢每一位作者为写作本书所花费的心血，毕竟单个人的力量是渺小的，唯有团结一致的努力才能使我们的想法付诸实践。

郝　娟　余　佳　周子雅　张黎黎

2022 年 1 月